子どもが育つ遊びと学び

保幼小の連携・接続の指導計画から実践まで

高櫻 綾子

［編］

朝倉書店

執筆者（50音順）

大滝 世津子	鎌倉教育総合研究所所長	[7章]
坂本 篤史	福島大学人間発達文化学類准教授	[4章]
佐藤 賢一郎	常磐大学人間科学部准教授	[3章]
澤田 亮	文京区立本駒込幼稚園教諭	[コラム3]
杉山 哲司	日本女子大学家政学部准教授	[8章]
髙櫻 綾子*	青山学院大学教育人間科学部准教授	[1章]
根津 美英子	関東学院六浦こども園園長	[コラム2]
長谷川 美由紀	社会福祉法人日吉会やなぎ保育園保育士	[コラム1]
羽中田 彩記子	日本女子大学家政学部特任教授	[コラム4]
濱島 隆幸	東京都立白鷺特別支援学校副校長	[6章]
寳川 雅子	鎌倉女子大学短期大学部初等教育学科准教授	[2章]
山内 雅子	上野学園大学音楽学部教授	[5章]

*は編者, [　]は執筆箇所.

序

　人生にはいくつかの節目があり，その1つに入園・入学があります．そのなかでも"小学校1年生"という言葉ほど，人に魔法をかける言葉はないと感じています．

　ランドセルや学習机，子ども部屋のトータルデザインに至るまで，小学校入学に必要とされるモノに関するTVCMが年中放映されています．また「もうすぐ1年生だから自分で○○しようね」と言われて俄然張り切ったり，「それじゃあ1年生にはなれないよ」と言われて急にやり始めたりと，会話のなかに1年生という言葉が入ると，幼児は期待や焦りなどさまざまな感情を抱き，動き出します．保護者も誕生からの発達の目覚ましさに我が子の成長を実感すると同時に，「勉強についていけるか」「自分で登校できるか」「いじめられないか」など新たな不安を抱える様子が見受けられます．さらに保育所や幼稚園，こども園でも年長児クラスの担任になると，小学校入学に向けての働きかけを常に意識し，指導計画を立て実践しています．中学生，高校生，大学生，社会人など，他にも1年生と称される時期があるにもかかわらず，子どもと周囲の大人にとって他とは異なる"小学校1年生"とは何なのでしょうか．

　この問いに対して，本書は0～12歳までの発達をおさえながら，"保幼小の連携と接続"という切り口からアプローチします．その理由は主に2つあります．

　1つは小学校入学をめぐる社会的な変化です．一昔前，「ピカピカの1年生♪」というTVCMが流れていたように，小学校1年生になることに対しては期待や希望が大きかったように思います．もちろん現在も子どもや保護者が期待や希望を抱いていないわけではありません．しかしながら同時に，小学校1年生になることに対して，ピカピカと光り輝くだけではない現状が垣間見られるようになってきたのも事実です．その1つが小1プロブレム（小学校教育への移行と適応に困難を呈する状態）であり，その取り組みとして保幼小の連携と接続が求められています．そして，これまでとは異なる視点で保幼小の連携と接続を考える必要があるというのが，本書が保幼小の連携と接続を取り上げる2つめの理由です．

　本書は，"子どもと共に保幼小の連携と接続をはじめる"という新たな視点に立

ちます．なぜなら小学校への入学は，子ども自身が立ち向かうべき課題だからです．言い換えるならば，子どもにとって保幼小の連続と接続は，保育・教育機関を卒園して小学校に入学するという一時点の問題ではなく，0～12歳という新生児・乳児期から幼児期を経て，児童期にわたる発達のなかで生じる課題であり，これを乗り越えることが新たな発達となり，自らの育ちの連続性のなかに新たな発達を組み込んでいくことに他ならないからです．

このときに忘れてはならないのは，子ども自身が絶対的な安心・安全を感じるなかで主体的に生活できなくては遊びも学びも生じないということです．すなわち子どもの遊びと学びが育まれる土台には心身ともに安心・安全を感じられる生活があり，発達段階に応じた生活のなかで「豊かな遊びと確かな学び」が育まれることによって子どもの育ちが連続的に繋がっていくのです．これが本書の主タイトルである『子どもが育つ 遊びと学び』に込めた思いです．

そこで本書では，保育や教育の場で活躍されている方々を執筆者に迎え，生涯にわたって生活していくことを前提とし，幼児教育から小学校教育に向けての「生活をつなぐ」という視点から，子ども自身が"幼児教育から小学校教育への移行を乗り越えるための力"をどう身につけるのかについて論じています．

具体的には，発達の連続性を踏まえた学びの連続性を保障するため，発達段階ごとに章とコラムを設定し，保育・教育の実践事例をもとに具体的な説明を行うことにより，幼児教育における豊かな遊びと学びが小学校教育において確かな学びへと発展していくという長期的な子どもの発達と学びのプロセスについてイメージしながら学べる内容になっています．また保育や授業に関する指導計画の作成・実践・評価・改善の方法，特別な支援を必要とする子どもの教育，学童保育など多岐にわたる内容を取り上げており，実習や保育・教育実践にいかすヒントが見つかると思います．

本書を保育士，幼稚園教諭，小学校教諭を養成する大学や短大，専門学校，通信教育での授業やゼミのテキストとしてご採用いただくとともに，保育・教育に携わる現職の先生方が保幼小の連携・接続に取り組まれる際に役立てていただけたら，執筆者一同，幸せに思います．最後に，本書の出版にあたり大変お世話になりました，朝倉書店編集部に感謝申し上げます．

2019年3月

編者　高櫻綾子

目　　次

第1章　子どもたちにとっての保幼小の連携・接続 ……………［高櫻綾子］… 1
1.1　子どもが「小学生になる」ということ ………………………………… 2
- 1.1.1　幼児教育と小学校教育のつながり ………………………………… 2
- 1.1.2　保護者による家庭での養育態度 …………………………………… 5
- 1.1.3　小学校への入学前後で何が起きるのか …………………………… 6
1.2　子どもの生活から小学校入学前後の育ちを考える …………………… 6
1.3　子どもにとって必要な保幼小の連携・接続とは何か ………………… 8
- 1.3.1　「生活をつなぐ」という視点 ………………………………………… 8
- 1.3.2　子どもの生活のつなぎ手としての大人 …………………………… 9
- 1.3.3　子ども自身が「乗り超える力」を育てる ………………………… 10
- 1.3.4　保幼小における「連携」と「接続」の再考 ……………………… 13
1.4　本書の構成と概要 ……………………………………………………… 14

第2章　3歳未満児にはじまる保幼小の連携・接続 ……………［寶川雅子］… 16
2.1　生涯発達の根底となる非認知的能力－なぜ，非認知的能力なのか－ … 17
- 2.1.1　認知的能力と非認知的能力 ………………………………………… 17
- 2.1.2　子ども・子育てを取り巻く状況と保育所保育指針の改定 ……… 18
- 2.1.3　乳児保育における養護と教育の一体性と応答的関わり ………… 20
2.2　3歳未満児の保育における非認知的能力の育ちと学びの芽生え …… 21
- 2.2.1　非認知的能力を育む基盤 …………………………………………… 21
- 2.2.2　非認知的能力を育む保育の実践 …………………………………… 22
- 2.2.3　非認知能力の基盤としての保育者とのアタッチメントの形成 … 24
2.3　3歳以上児の保育へのつながり ………………………………………… 26

コラム1　保育・教育実践から語る保幼小の連携・接続－保育所－
………………………………………………………［長谷川美由紀］… 29
野菜の収穫体験から育まれる子どもの育ち　29／子どもたちの興味や関心

から集中力を育む　30／子どもたちが主体となって生み出す遊びと学びの連鎖　31／保育所児童保育要録の活用による小学校との連携・接続と保護者支援　32

コラム2　保育・教育実践から語る保幼小の連携・接続－認定こども園－
………………………………………………………………………［根津美英子］…33
主体的に環境に関わり，試し，探究することから生まれる学びの芽生え　33／認定こども園園児指導要録について　36

第3章　3歳以上児からつなぐ保幼小の連携・接続………………［佐藤賢一郎］…37
3.1　幼児教育の独自性
　　　－環境を通しての教育と遊びを通しての総合的な指導－……………37
　　3.1.1　環境を通しての教育とは………………………………………………38
　　3.1.2　遊びを通しての総合的な指導とは……………………………………38
3.2　PDCAサイクルに基づく保育・幼児教育の実践……………………………42
　　3.2.1　指導計画の作成…………………………………………………………43
　　3.2.2　保育・幼児教育の実践の振り返りと評価……………………………46
3.3　3歳以上児の保育から小学校教育へとつなぐ………………………………50
　　3.3.1　アプローチカリキュラム………………………………………………50
　　3.3.2　要録の送付………………………………………………………………51

コラム3　保育・教育実践から語る保幼小の連携・接続－幼稚園－
………………………………………………………………………［澤田　亮］…53
必要に迫られる経験を通して数量への関心と感覚を育てる　53／小学校との交流を通して育む就学への期待と就学に向けた指導要録の作成　55

第4章　小学校低学年における保幼小の連携・接続………………［坂本篤史］…57
4.1　子どもにとっての低学年での学び……………………………………………57
　　4.1.1　「小学生」になる子ども…………………………………………………57
　　4.1.2　子どもの育ちをつなげる視点…………………………………………58
　　4.1.3　園での学びから小学校での学びを捉える……………………………59
4.2　授業をデザインする－カリキュラムの視点から－…………………………59

4.2.1　新学習指導要領にみるスタートカリキュラム…………………… 60
　　4.2.2　保幼小の連携・接続に向けたスタートカリキュラムづくり……… 61
　4.3　子どもの視点から授業やカリキュラムを捉える…………………… 65
　　4.3.1　学校生活への適応………………………………………………… 65
　　4.3.2　新たな学級の仲間や教師との関わりや関係づくり……………… 66
　　4.3.3　子どもたちが興味をもって取り組むような教科学習の授業づくり… 67
　4.4　子どもの学びを捉え共有する－授業研究会での教師の語りから－…… 68

第5章　小学校中・高学年からみた保幼小の連携・接続………[山内雅子]… 73
　5.1　保育所・幼稚園・認定こども園と小学校の接続…………………… 73
　5.2　生活科を中心とした「スタートプログラム」の現状……………… 74
　5.3　わらべうたに内在する力と就学前期における音楽遊びの現状…… 75
　5.4　音楽科の学びがつなぐ保幼小の連携………………………………… 76
　　5.4.1　低学年での実践…………………………………………………… 77
　　5.4.2　中学年での実践…………………………………………………… 78
　　5.4.3　高学年での実践…………………………………………………… 84
　5.5　小学校低・中・高学年につながる就学前の音楽遊びの留意点……… 86

コラム4　小学校の授業から語る保幼小の連携・接続－算数科指導を通して－
　　　　　………………………………………………[羽中田彩記子]… 89
　　数学的な表現を用いて「簡潔・明瞭・的確」に表す学びへ　89／小学校1年生における算数科「量」の指導にみる幼児教育とのつながり　89／将来の社会を見据えた保幼小の連携と接続　92

第6章　特別な支援を必要とする子どもと保幼小の連携・接続…[濱島隆幸]… 93
　6.1　特別な支援を必要としている子ども………………………………… 93
　　6.1.1　特別な支援を必要としている子どもの現状……………………… 93
　　6.1.2　特別な支援を必要としている子どもの特徴……………………… 94
　6.2　特別な支援を必要としている子どもたちにとっての小学校入学…… 98
　　6.2.1　就学相談と就学先選択…………………………………………… 98
　　6.2.2　保育所・幼稚園などと就学先との連携・接続…………………… 100
　6.3　特別支援学校における実践から学ぶ………………………………… 102

6.3.1　特殊教育から特別支援教育へ……………………………102
　　6.3.2　教育課程…………………………………………………102
　　6.3.3　具体的な指導例…………………………………………103
　　6.3.4　指導の手立て，教材作り，環境整備……………………104

第7章　保幼小の連携・接続を支える学童保育………［大滝世津子］…107
　7.1　学童保育とは何か………………………………………………107
　　7.1.1　日本の学童保育の現状…………………………………107
　　7.1.2　学童保育をとりまく課題…………………………………108
　7.2　保幼小の連携・接続を支える学童保育…………………………109
　　7.2.1　学校でも家庭でもない第3の居場所としての学童保育…109
　　7.2.2　実践事例から学童保育での育ちを考える………………110
　　7.2.3　子どもの育ちを支える学童保育の環境…………………115
　7.3　障害のある子どもの学童保育……………………………………117
　　7.3.1　障害のある子どもを取り巻く放課後の状況………………117
　　7.3.2　障害のある子どもの放課後を豊かにするために…………118
　7.4　子どものワーク・ライフ・バランスの議論から…………………119

第8章　これからの保幼小の連携・接続…………………［杉山哲司］…121
　8.1　各章の内容からみた保幼小の連携・接続の再考………………121
　　8.1.1　保幼小の「連携」と「接続」とは何か……………………121
　　8.1.2　保幼小の連携・接続に向けた重要な視点…………………122
　8.2　子どもの育ちと学びの連続性を保障する………………………122
　　8.2.1　子どもの育ちと学びの基盤となる非認知的能力……………122
　　8.2.2　子どもの育ちと学びを阻む「子どもの貧困」………………123
　8.3　学びに向かう力を育む……………………………………………125
　　8.3.1　からだの動きの育ちのプロセス……………………………125
　　8.3.2　子どもの集中の大切さ……………………………………128
　8.4　省察的実践家としての教師………………………………………131

索　　引……………………………………………………………………135

第1章 子どもたちにとっての保幼小の連携・接続

「オレ，せんせいやる！」
「これは ○ですか？ ×ですか？」
「ここにかいてください」
「わかったひと，いますか？ できましたか？」
「はい！ もうおしまいです」

　これは園児が"小学校ごっこ"のなかで発した言葉である．この遊びに参加していた子どもたちに「小学校ってどんなところ？」と尋ねると，「いっぱい勉強するんだよ」「ランドセルを持っていく」「自分で学校に行くんだよ」「はい！って手を挙げるの」「宿題をやらなきゃいけない」「忘れたら怒られる」…等々，小学校のイメージを次々と教えてくれた．

　さらに別の日の園児との会話．
「先生は，大学に行っているんでしょ？」
「そうだよ」
「すごいね〜」（感心した表情で褒めてくれる）
「すごいかな？」
「うん，すごいよ．だって大学ってね，小学校よりずっとずっと上なの！」
「ずっとずっと上なの？」
「そう．でも小学校だってとってもすごいんだよ‼」

　この園児が何を「ずっとずっと上」と言い表したのかの真意はわからないが，この言葉を聞いた当時，「大学はとってもすごい小学校を卒業していくところだからすごい」と言っているように感じたことを覚えている．このように幼児と関わっていると，小学校に入学する以前の子どもたちにとって「小学校」は憧れの対象であり，「小学生になること」を誇らしいと捉えていると感じることが多い．同時に，就学前の子どもたちは，「小学校＝勉強するところ」と認識していること

もわかる．その一方で，憧れの「小学校」に入学し，「小学生」としての誇りを抱いて「勉強をする」にもかかわらず，戸惑い始める子どもたち，不安を抱える保護者，そうした対応に疲弊する小学校の教員も存在している．

子どもが「小学生になる」にあたって，何が起きているのだろうか？ 本章では，子どもたちの目線から「小学生になる」ということを捉え，子どもたちにとっての保幼小の連携・接続について考えたい．

1.1　子どもが「小学生になる」ということ

日本では満6歳の誕生日以後の最初の4月に小学校に入学するが，2000年頃から「小1プロブレム」が認められるようになり，保育所や幼稚園，認定こども園といった就学前の保育・教育機関と小学校との連携・接続（以下，「保幼小の連携・接続」と表記）が喫緊の課題となっている．小1プロブレムとは「小学校に入学したばかりの1年生が先生の話を聞こうとしない，授業中に座っていることができない，みんなと一緒に行動することができないなどして，長期間にわたり学級がうまく機能しない状態」（福元，2012）である．その主な原因としては，就学前の幼児教育とのつながりの難しさと保護者による家庭での養育態度が挙げられている．そこで本節では，この主な原因に焦点を当て，子どもが「小学生になる」にあたって何が起きているのかをみていこう．

1.1.1　幼児教育と小学校教育のつながり

従来の小1プロブレムに関する論調の多くは，保育所や幼稚園，認定こども園といった就学前段階に幼児教育を担う保育・教育機関と小学校教育との間に様々な段差が存在しており，その段差に子どもたちがつまずくことによって，小学校での生活や学びに適応できない状態になると論じてきた．そのため小1プロブレムの解消に向け，子ども同士の交流（e.g. 運動会などの行事への参加や小学校を訪問して一緒に遊ぶ活動），教員同士の交流（e.g. 合同の研修），カリキュラムの接続（e.g. スタートカリキュラム）などが取り組まれている．

実際，幼児教育と小学校教育では様々な差異が存在し（表1.1），同時に就学前の保育・教育機関においても管轄等の差異が存在している．こうした背景をふまえ，第1に，2017年3月の「保育所保育指針」「幼稚園教育要領」「幼保連携型認定こども園教育・保育要領」（以下「3法令」と表記）の同時改定（訂）・告示において，3歳以上児における幼児教育の共通化が図られた．具体的には，児童福

表 1.1 幼児教育と小学校教育の差異（一例）

内容	幼児教育	小学校教育
指導方法	生活全体が学びの場であると捉え，幼児の自発的な活動としての遊びを生活の中心とする．そのため保育者には遊びを通して総合的に指導することが求められる．またその際，目の前の子どもの実態を把握し，子どもに経験してほしいことをねらいとして定め，そうした経験ができるように，様々な環境を用意し，その環境のなかに幼児の育ちへの願いやねらいを埋め込むことで，その環境に幼児自身が出会い，主体的に関わり，学ぶことを支援する．	基本的に教科ごとの授業が学習の基盤となる．教科ごとに教科書や教材が存在し，各教科の各学年の指導内容，授業時数が細かく定められ，各教科の専門的な内容が指導される．子どもたちは時間割に従って，基本的に自分の席に座って，授業を受ける．
時間の捉え方	登園・降園・給食・午睡の時間などは年齢や各保育・教育機関ごとに定められているが，基本的には大まかでゆるやかな流れのなかで保育・教育が展開される．	時間割によって，教科ごとに細かく時間が配分され，チャイムによって各時間の開始と終了が告げられる．
学ぶ内容	人との関わり，モノの操作，言葉による伝え合い，思いやりなど遊びのなかで学ぶことは多岐にわたる．保育者が一方的に教授するというよりも，保育者に支えられて学んでいく．	時間割によって1授業あたり1教科が学習される．単元ごとに内容が決められており，当該時間内でのねらいにもとづく内容が教師によって教授される．

祉施設である保育所について，保育所保育指針の総則に「幼児教育を行う施設として共有すべき事項」が記され，幼児教育を担う施設として明記されたこと，それぞれの独自の特性部分を除いて3法令はほぼ同じ内容となっていることが挙げられる．

　第2に，教育の目的や指導方法といったカリキュラムに大きく関わる内容が幼児教育と小学校教育との大きな差異（段差）となっていることから，2017年告示の3法令および「小学校学習指導要領」において，幼児教育と小学校教育との連携・接続がより明記されている（表1.2）．表1.2に示したように，今回の改定（訂）では，幼児期の教育を通して育まれた資質・能力が小学校教育における各教科等の特質に応じた学習につながることを目指しており，保育者（保育士・幼稚園教諭・保育教諭）と小学校の教員が幼児期の終わりまでに育ってほしい姿を共有することで幼児教育と小学校教育との接続のいっそうの強化を図ることが求められている．ただしその際，「保育所保育・幼稚園教育・幼保連携型認定こども園の教

表 1.2 法令にみる保幼小の連携・接続(一部抜粋)

保育所保育指針	幼稚園教育要領	幼保連携型認定こども園教育・保育要領	小学校学習指導要領
第2章 保育の内容 4 保育の実施に関して留意すべき事項 (2) 小学校との連携 ア 保育所においては、保育所保育が、小学校以降の生活や学習の基盤の育成につながることに配慮し、幼児期にふさわしい生活を通して、創造的な思考や主体的な生活態度などの基礎を培うようにすること。 イ 保育所保育において育まれた資質・能力を踏まえ、小学校教育が円滑に行われるよう、小学校の教師との意見交換や合同の研究の機会などを設け、「幼児期の終わりまでに育ってほしい姿」を共有するなど連携を図り、保育所保育と小学校教育との円滑な接続を図るよう努めること。 ウ 子どもに関する情報共有に関して、保育所に入所している子どもの就学に際し、市町村の支援の下に、子どもの育ちを支えるための資料が保育所から小学校へ送付されるようにすること。	第1章 総則 第3 教育課程の役割と編成等 5 小学校教育との接続に当たっての留意事項 (1) 幼稚園においては、幼稚園教育が、小学校以降の生活や学習の基盤の育成につながることに配慮し、幼児期にふさわしい生活を通して、創造的な思考や主体的な生活態度などの基礎を培うようにするものとする。 (2) 幼稚園教育において育まれた資質・能力を踏まえ、小学校教育が円滑に行われるよう、小学校の教師との意見交換や合同の研究の機会などを設け、「幼児期の終わりまでに育ってほしい姿」を共有するなど連携を図り、幼稚園教育と小学校教育との円滑な接続を図るよう努めるものとする。 第6 幼稚園運営上の留意事項 3 地域や幼稚園の実態等により、幼稚園間に加え、保育所、小学校、中学校、高等学校、特別支援学校などとの間の連携や交流を図るものとする。特に、幼稚園教育と小学校教育との円滑な接続のため、幼児と児童との交流の機会を積極的に設けるようにするものとする。また、障害のある幼児児童生徒との交流及び共同学習の機会を設け、共に尊重し合いながら協働して生活していく態度を育むよう努めるものとする。	第1章 総則 第2 教育及び保育の内容並びに子育ての支援等に関する全体的な計画等 1 教育及び保育の内容並びに子育ての支援等に関する全体的な計画の作成等 (5) 小学校教育との接続に当たっての留意事項 ア 幼保連携型認定こども園においては、その教育及び保育が、小学校以降の生活や学習の基盤の育成につながることに配慮し、幼児期にふさわしい生活を通して、創造的な思考や主体的な生活態度などの基礎を培うようにするものとする。 イ 幼保連携型認定こども園の教育及び保育において育まれた資質・能力を踏まえ、小学校教育が円滑に行われるよう、小学校の教師との意見交換や合同の研究の機会が設けられ、「幼児期の終わりまでに育ってほしい姿」を共有するなど連携を図り、幼保連携型認定こども園における教育及び保育と小学校教育との円滑な接続を図るよう努めるものとする。 2 指導計画の作成と園児の理解に基づいた評価 (3) 指導計画の作成上の留意事項 サ 地域や幼保連携型認定こども園の実態等により、幼保連携型認定こども園間に加え、保育所等の保育施設、小学校、中学校、高等学校及び特別支援学校などとの間の連携や交流を図るものとする。特に、小学校教育との円滑な接続のため、幼保連携型認定こども園の園児と小学校の児童との交流の機会を積極的に設けるようにするものとする。また、障害のある園児児童生徒との交流及び共同学習の機会を設け、共に尊重し合いながら協働して生活していく態度を育むものとする。	第1章 総則 第2 教育課程の編成 4 学校段階等間の接続 教育課程の編成に当たっては、次の事項に配慮しながら、学校段階等間の接続を図るものとする。 (1) 幼児期の終わりまでに育ってほしい姿を踏まえた指導を工夫することにより、幼稚園教育要領等に基づく幼児期の教育を通して育まれた資質・能力を踏まえて教育活動を実施し、児童が主体的に自己を発揮しながら学びに向かうことが可能となるようにすること。 また、低学年における教育全体において、例えば生活科において育成する資質・能力が、他教科等の学習においても生かされるようにするなど、教科等間の関連を積極的に図り、幼児期の教育及び中学年以降の教育との円滑な接続が図られるよう工夫すること。特に、小学校入学当初においては、幼児期において自発的な活動としての遊びを通して育まれてきたことが、各教科等における学習に円滑に接続されるよう、生活科を中心に、合科的・関連的な指導や弾力的な時間割の設定など、指導の工夫や指導計画の作成を行うこと。 第5 学校運営上の留意事項 2 家庭や地域社会との連携及び協働と学校間の連携 他の小学校、幼稚園、認定こども園、保育所、中学校、高等学校、特別支援学校などとの間の連携や交流を図るとともに、障害のある幼児児童生徒との交流及び共同学習の機会を設け、共に尊重し合いながら協働して生活していく態度を育むようにすること。

育及び保育において育まれた資質・能力」（下線は筆者加筆）と記載されていることを忘れてはならない．

　すなわち幼児期に育む資質・能力は，あくまで幼児教育の特性（「遊びを通した総合的な指導」と「環境を通した教育」）に基づいて育まれる必要がある．また幼児期の終わりまでに育ってほしい姿は，幼児教育の最終目標と結果ではなく，幼児教育だけで完結するものでもない．すなわち幼児期の終わりまでに育ってほしい姿は幼児教育が目指す方向性であり，小学校教育の成就に向けて必要不可欠な準備として育むのではなく，小学校教育の土台となるものである．

　それゆえ幼児教育には，小学校教育で行われる学習内容の先取り（e.g. ワークブックを使用した文字や数の一斉学習指導）や環境づくり（e.g. 保育室に個人用の机と椅子を用意し，黒板に向かって配置する）は求められていない．その一方で小学校教育においては，幼児教育がどのような目的の下，どのような指導方法によって資質・能力を育み，幼児期の終わりまでに育ってほしい姿へと導いてきたのかを十分に理解したうえで，そうした資質・能力や幼児の具体的な姿を手がかりに教科教育へと発展させていくことが求められている．この意味において，これまでの改定（訂）以上に，幼児期から児童期への移行といった発達の連続性を踏まえたうえで，学びの連続性を保障するスタンスがより明確に示されている．

1.1.2　保護者による家庭での養育態度

　小1プロブレムの主な原因の2つ目として，家庭での養育態度が挙げられている．幼児期や児童期の子どもたちにとって家族は大きな存在であり，各家庭での教育に対する考え方，生活習慣などがそれぞれの子どもの発達に大きく関与する．それゆえ子どもの発達の様相や成長の過程で生じる問題は，ともすれば家庭におけるしつけの問題として片付けられてしまうことが少なくない．

　確かに子どもの教育の第一義的責任は保護者にあり，幼児教育から小学校教育への移行に関しても，保護者は保育者や教師と同様に子どもを支える存在である．しかし同時に保護者も「接続期の子どもの親」として，子どもを保護するものであるだけではなく，自らがステージの変化を経験する当事者でもある（小玉, 2017）ことから，「接続期における親の教育期待と不安は互いに関連し合いながら高まり，接続期は子どもにとって大きな変化の時期，いわば危機であると同時に，また親にとっての危機でもある」（清水・加藤・小玉, 2017）と指摘されている．それゆえ家族構成，就労形態，子育てのサポートの有無など各家庭の置かれている

現状と子育てや教育をめぐる社会的背景や規範も踏まえたうえで学校適応への支援を検討する必要がある．

1.1.3 小学校への入学前後で何が起きるのか

ここまで「小1プロブレム」の主な原因に着目して保幼小の連携・接続が求められるようになった背景をみてきたが，子どもの立場から小学校への入学について捉えるには，もう一歩進んだ議論が必要ではないだろうか．

例えば，小学校1年生が就学前にはできていた着替えや自分の荷物の整理などの行為につまずきを見せた（吉川・上野・船山，2006）という結果からは，小1プロブレムとして称される生活面での問題が単に子ども自身の能力や経験不足のみの問題ではないと推測される．また「家族を重視する価値観の高まりが，子どもに関する問題を過度に家庭教育の問題と関連づけることになっているのではないか」（濱名，2011）との指摘もあるように，"生活面での様々な問題行動＝しつけの失敗"とは安易に言い切れないようである．

では，小学校入学前にできていたことが入学後にできなくなる理由は何だろうか？ これは「子どもが小学生になるにあたって，何が起きているのだろうか？」という問いであると同時に，「子どもたちにとって必要な保幼小の連携・接続とは何か？」を問うことでもある．そこでこの点について，保育所や幼稚園など就学前の保育・教育機関における子どもの生活から考えてみよう．

1.2 子どもの生活から小学校入学前後の育ちを考える

保育所や幼稚園などにおいて，子どもたちは保育者からの手助けを受けながら徐々に自分で着替えや片付け，給食の準備などを行うようになる．またその際，子どもたち自身が見通しや目的，期待を持って生活できるような工夫が保育者によって様々に行われることによって，子どもたちはこれらの行為を単なる動作としてではなく，"今まで行っていたこと"と"これから行うこと"との切り替えとして行うようになる．

例えば保育室の時計を見てみよう．3～5歳児クラスでは長針・短針のある時計が使用されることが多い．また時計の数字部分を見てみると，いくつかの数字に3歳児クラスでは動物，4歳児クラスでは色といったマークが付けられ，5歳児クラスの時計には何もついていないという工夫がされている．マークは乗り物でも植物でも何でもよいが，3歳ではより具体的でわかりやすく親しみのあるもの，4

歳では3歳よりは具体的でないが目印となるものというように発達を考慮して選択される．

このように保育者によって工夫された時計は，その日の予定を伝える際に活用される．例えば10時30分を言い表す際，「時計の長い針がウサギ，短い針がライオンのところになったらお片づけをします」（3歳児クラス），「時計の長い針が黄色，短い針が青のところになったらホールに行きます」（4歳児クラス），「時計の長い針が6，短い針が10になったらお部屋に集合します」（5歳児クラス）というように年齢に応じた言葉かけがなされる．こうした保育者からの言葉かけにより，子どもたちは，その日の予定とともに，1日の流れのなかで時計の長い針と短い針がどこに来たら次は何をするのかを理解する．ここに幼児教育の特性の1つである「環境を通した教育」をみることができる．すなわち幼児教育においては，数字の読み書きを指導し，子ども自身が時計を見て「〇時△分」と読めるようになることは求められていない．幼児教育に求められているのは，「日常生活の中で数量や図形などに関心をもつ．」（領域「環境」の内容）ことであり，その内容の取扱いは「数量や文字などに関しては，日常生活の中で幼児自身の必要感に基づく体験を大切にし，数量や文字などに関する興味や関心，感覚が養われるようにすること．」である（下線は筆者加筆）．つまり子どもたちの興味や関心，感覚を養い，子どもたち自身が日常生活のなかで必要感を感じることによって，数字に触れてみようとするように促していくことが重要である．

先ほどの時計の例でいえば，3歳児クラスにおいては親しみのある動物などのマークによって時計に注目させ，そうした日々の積み重ねのなかで子どもたちが自然とマークの隣にある数字へと目を向けることを促していく．4歳児クラスに進級するとマークがなくとも数字に目を留めるようになっているが，個人差もあるため目印の意味で色など抽象的なものを主要な数字のそばに貼っておく．すると，5歳児クラスでは動物や色などの印がなくとも徐々に数字を見て理解することができるようになっていく．

こうして子どもたちは時計の「長い針がウサギになるまで，まだ時間があるから〇〇して遊ぼう」というように，長い針と短い針の位置を見取ることによってその間に何をして過ごすかを決めたり，"自分がやりたい遊びや活動にどのくらいの時間を費やすことができるのか"や"この後の時間は何をするのか"がわかり，園生活の流れのなかで見通しや目的，期待を持って過ごすことが可能になる．そして時計が便利であることに気づいていく．同時にこうしたプロセスのなかで，

子どもたちは家にある時計や母親（父親）が身につけている腕時計などの他の時計の数字には動物も色もついておらず，ウサギや黄色という言い方ではクラスの仲間と先生以外には伝わらないことに気づく．そこで時計をよく見てみると，どの時計にも3や5といった共通の記号があり，それらを使うと，みんなに伝わるらしいと気づいていく．そして"みんながわかるように伝えるために"という必要感によって数字への理解が進んでいく．

　このように幼児教育においては，保育者によって子どもたちの興味や関心を呼び起こす環境が身近につくられ，子どもたちは必要感を感じることで様々な物事を理解しようとしていく．さらに子どもたちは，多様な環境のなかに身を置きながら，時間の見通しを持ち，そのなかでやってみたいことを見つけたり，誰とどこで何をするかを決め，心も頭も体も目いっぱい動かしながら目の前の環境（人的・物的）に主体的・具体的に働きかけている．

　このことを踏まえれば，幼児教育と小学校教育で求められる行為をどのように育むかという大人側のアプローチの仕方やその行為が大人の望むようにできているか否かという評価の仕方が子どもに不安や混乱をもたらしている可能性が示唆される．同時にこうした大人の関わりに対して，子どもが生活面での不適応という形でSOSを示しているとも考えられる．

1.3　子どもにとって必要な保幼小の連携・接続とは何か

1.3.1　「生活をつなぐ」という視点

　表1.2に示したように，3法令において，それぞれの保育・教育が「小学校以降の生活や学習の基盤の育成につながることに配慮し，(乳)幼児期にふさわしい生活を通して，創造的な思考や主体的な生活態度などの基礎を培うようにする」（下線は筆者加筆）と明記されていることからも，保幼小の連携・接続においては「子どもの生活」に着目する必要がある．すなわち柔軟な時間の流れのなかで自分の興味・関心に基づいて遊び，学んでいた幼児期の生活から，時間割に従って一斉に教科学習を受ける生活への移行を，どのようにつなぎ支援するのかという観点から保幼小の連携・接続を考えることがよりいっそう重要となる．なぜなら，子どもたちは発達に応じて保育・教育機関を移行していくが，その際に子どもたち自身が絶対的な安心・安全を感じるなかで環境の一員として主体的に生活できなくては遊びも学びも生じないからである．言い換えるならば，「学校での学習指導が成立するのは，入学前につちかわれてきた子どもの知識や技能がその基礎にな

っているからこそであり，学校でさまざまの科学的概念を身につけさせることができるのは，それ以前に，子どもがその下地となるより多くの生活的概念を身につけているから」（岡本，1995；p.111）といえる．

つまり，子どもの遊びと学びが育まれる土台には生活があり，発達段階に応じた生活のなかで豊かな遊びと確かな学びが育まれることによって，発達が連続的につながっていく．それゆえ幼児教育から小学校教育への移行においては，教育を受ける場が変化しても子どもの生活はつながっていることを忘れてはならない．また保幼小の連携・接続においては"生活をつなぐ"という視点を共有し，子どもの生活をつなぐための取り組みが求められる．この"生活をつなぐ"という視点から保幼小の連携・接続を捉えようとするとき，2つの見方が生まれる．

1.3.2 子どもの生活のつなぎ手としての大人

1つ目の見方は，「子どもの生活のつなぎ手」として大人（保育者・教員）を捉え，幼児教育と小学校教育の間で子どもがつまずく内容を見つめ直すことである．具体的には，その年齢に応じた発達課題なのか，「小学生になるまでに○○ができるようにしなくてはいけない」や「小学生ならば△△ができていて当然」という要求を大人側の望む形で達成させようとしているのかについての検討が必要である．すなわち大人にとっては，"授業中はきちんと自分の席に座って教師の話を聞き，教師の指示のもと，秩序を乱すことなく集団行動を行うこと"は当たり前かつ自明のことであるが，子どもにとっては，その授業や活動が"きちんと聞いておかなくてはいけない"，"みんなと一緒に参加したい"といった必要感を感じるものでなければ，当たり前でも自明でもないのである．

それゆえ保幼小の連携・接続において，大人が「子どもの生活のつなぎ手」となるためには，子どもの生活史に対する尊敬を持って，「子どもが携えて学校に入ってくるもの」（岡本，1995；p.110）を知る必要がある．例えば幼児教育において，子どもたちは一緒に過ごす仲間や保育者に"知ってほしい"，"伝えたい"という思いから言葉を発し，自分にとって大切な仲間や保育者の言葉だからこそ"聴きたい"と思い，耳を傾けている．また遊びや園生活において多様な環境と関わるなかで，知ることや学ぶこと，自ら関わることに対する心情・意欲・態度も育てられてきている．

こうした幼児教育における心情・意欲・態度を踏まえるならば，「家庭や教室で，『やらせる』とか『いわせる』ことをひかえ，子どもが『やる』，『いう』ことを，

自然な形で，全体の活動の中に取り込むことが必要であり，さらに，子どもたちに自己決定，自己選択のチャンスを与え，自分でじっくりと考えて選んだことや実行プランを追求させることが必要」(佐伯，1995；p.103) といえる．まずは「わかる人？」「わかった人？」「できた人？」で始まることの多い授業時の問いかけを変え，子どもが"なぜ？"と疑問を抱き，"知りたい"と思うような教材の工夫や授業の展開を考えることから始めてみてはどうだろうか．

1.3.3 子ども自身が「乗り超える力」を育てる

"生活をつなぐ"という視点から保幼小の連携・接続を考えるうえでのもう1つの見方は，子ども自身にその段差を乗り越える力を身につけさせることの重要性と必要性である．一般に保幼小の連携・接続というとき，幼児教育から小学校教育への移行が問題の焦点となるが，子どもにとっては就学前の保育・教育機関を卒園して小学校に入学するという一時点の問題ではなく，0～12歳という新生児期，乳児期から幼児期を経て，児童期にわたる発達のなかで「小学生になる」という課題と向き合うことになる．すなわち幼児教育から小学校教育への移行は，子どもの発達の連続性のなかで生じ，この移行を乗り越えることは子どもにとって新たな発達となり，自らの育ちの連続性のなかに新たな発達を組み込んでいくことである．

それゆえ従来のように，幼児教育から小学校教育への移行に際して，両者の段差を解消しつつ，子どもたちがその段差につまずかないように援助することに加えて，子どもたち自身に乗り越える力を身につけさせるための援助も必要である．そこで事例をもとに「子どもにとって"できる"とはどういうことか？」について考えてみよう．

> 幼児クラス（3～5歳児）の子どもたちは，週1回，外部の体操講師（以下「講師」）との時間を持っている．講師から年齢や経験に合わせた指導計画が園に提出され，子どもたちは様々な運動遊びを経験していく．講師は給食も一緒に食べ，遊んでくれるので子どもたちは会うことを楽しみにしている．
> 3歳児クラスの子どもたちは，4月から体操の時間が始まり，運動が好きですぐに馴染んだ子，やってみたいと興味はあるが人見知りをして様子を窺う子，我先にとルールを無視するほどに熱中する子，できなくて悔しくて泣いたり拗ねたりしてその気持ちを受け止めてもらい再び挑戦する子…普段の保育とは異なる様子もみられ，自分のペースで体操の時間に慣れていく．

1.3 子どもにとって必要な保幼小の連携・接続とは何か

> 今日は運動会に向けてそれぞれのクラスの競技に少し触れてみようという回である．早めに準備が終わった3歳児クラスの子どもたちは，自分たちの前の時間に体操をしている4歳児クラスの様子をテラスに座って見ている．4歳児クラスの子どもたちは，運動会でエアドリームを行うことが慣例となっており，年下のクラスの子どもたちにとっては「ほしさん（4歳児のクラス名）になったらエアドリームやるんだよね！」と憧れ，楽しみにしている競技である．
>
> 3歳児クラスの子どもたちも，音楽にのせて体を動かしながら4歳児クラスの練習を興味津々で見つめている．そして自分たちの時間になるとパラバルーン（以下「バルーン」）のもとへと駆けて行き，「やりたい！」「触りたい！」と訴えて両手でしっかりと掴む．そして先ほど4歳児が行っていたように上下に動かし始める．講師は，子どもたちがジャンプしながら楽しそうに動かす姿や動くバルーンを離さないようにしっかりと両手で掴んで動かす姿を見て，「ポップコーンみたいにしよう！」と言いながら玉入れの玉をバルーンの上にのせる．子どもたちはますます嬉しくなって，ピョンピョンと跳び跳ねながらバルーンを動かす．講師も「しっかり！」「もっと動かして！」と言葉をかけ楽しそうな表情で子どもたちと一緒に動かし，次々に玉を追加していく．
>
> しかし玉が増えていくとポップコーンのようには弾まなくなり，講師は「なんで跳ばないんだよ…」と嘆く．するとナミが「少なくすればいいんじゃないの？」と指摘する．講師はハッとした表情で「いい考えだ！」と言い，「じゃあ5個にしよう！」と言う．するとアユミが「ねぇ，音楽も流して！」と4歳児クラスが練習の時に流していた曲をリクエストする．他の子どもたちも「流して！」と口々に言い，音楽を流しながら1つずつ玉を投げ入れ，最終的に5個の玉をバルーンの上で跳ねさせることに決まる．
>
> 子どもたちは真剣な表情になり，音楽が流れ始めると一斉にバルーンを動かし始める．そして講師の「投げまーす！　それー！　ハイッ！　波つくってー‼」の掛け声に応じて，子どもたちも講師も担任保育者も一緒になってバルーンを動かす．先ほどとは打って変わってバルーンの上で玉がピョンピョンとポップコーンのように飛び跳ねる様子に，みんな嬉しそうな笑顔を浮かべて楽しんでいる．

これはある保育所での体操の時間の1場面である．この事例には「子どもにとって"できる"とはどういうことか？」という問いに答えるためのヒントがある．第1に，子どもたちにとって「憧れ」が原動力になるということである．この事例においては，「ほしさんになったらエアドリームをやる」という憧れがあり，実際に目の前で4歳児クラスの子どもたちの練習を見て，「自分たちも同じようにや

ってみたい」という思いが子どもたちの行動の源となっている．

　第2に，子どもたち自身が"できること"と"それはまだできないこと"とを見極めている．この事例におけるナミの「少なくすればいいんじゃないの？」という言葉は，"こんなにたくさんの玉では跳ねさせることができないけれど，少なくすればできる"という提案であり，みんなでポップコーンのように玉を跳ねさせること自体は諦めていない．このように子どもたちは今の自分にとって"できること"と"それはまだできないこと"を見極めており，同時に"○○すればできる"と把握しているようである．ただし，この"○○すればできる"は確信しているというよりも，それまでに培ってきた経験から感覚的に捉えているものであり，今はできない事柄に対する「憧れ」が根底に存在している必要がある．

　例えば，同じクラスの子どもが何かに挑戦し，できるようになった姿を見て「僕だってできるよ！」「私もできるよ！」と言いながら挑戦することがある．このとき同じ行為をすでにできている場合もあるが，まだできない場合もある．しかしこのできない行為に対する「できる」という子どもの言葉は，単なる悔し紛れではない．「今はまだできないけれど，その行為をできるようになるために，がんばることができる」，「自分はまだその行為はできないけれど，努力すれば自分もできるようになる」という思いが「僕だってできるよ！」「私もできるよ！」というときの「できる」に込められている．

　この「今はまだできないけれど，その行為をできるようになるために，がんばることができる」，「自分はまだその行為はできないけれど，努力すれば自分もできるようになる」と思い，実際に努力してやり遂げられることこそ，幼児期の終わりまでに育ってほしい姿であり，保育者が乳幼児期に育てる内容である．そして実際にやり遂げることができたとき，子どもは自信を身につけ，それが他の物事にも挑戦する際の基盤となっていく．この自信は他者と比べて自分は優秀であるという意味ではなく，「自分はがんばることができる」「自分ならばやりきることができる」という自分を信じる気持ちであり，これが幼児期に育てたい「自信」である．

　そして第3として，こうした自信を身につけ，発揮するうえで，うまくいかなかったときに支え，助けてくれる存在がそばにいること，実際に不安になったり，うまくいかなかったときに助けてくれること，こうした関わりの経験を通して，さらに挑戦しようという意欲が湧き，また何かあれば助けてくれるという信頼を深めていくことが重要である．すなわち子どもたちと保護者や保育者，この事例

においては体操の講師といった子どもの身近にいる存在との間に，それまでの関わりの積み重ねを通して信頼感や親近感が育まれている必要がある．

このように子どもたちは，目の前の課題に対して受動的な存在ではなく，周囲の出来事や人への憧れや興味，支えてくれる存在への信頼感を基盤に，それまでに経験してきたことを駆使して主体的に取り組もうとしている．このとき目の前の課題が子どもたちにとって憧れや興味・関心を抱き，「やってみたい！」と心動かされる内容であるからこそ，子どもたちの心身が動き出す．そして「課題の達成にむけてがんばることができる」や「諦めずに取り組めば自分はその課題を達成できる」と自分自身の持っている力を信じ，仲間とともに試行錯誤しながら協同してやり遂げることで，満足感や達成感，充実感を味わっていく．

こうした自尊心，自分をコントロールする力，自制心，自律性，自己理解などの「自己に関わる心の力」と人と関係をつくる力，人との関係を維持する力などの「社会性」（遠藤, 2016）を非認知的能力という．非認知的能力は，人が生涯にわたって他者とともに社会のなかで生きていくうえで必要不可欠な能力であることから「生活する力」ともいえる．ここでいう「生活」とは，食事や遊び・学習・仕事といった活動，排泄や睡眠などの基本的な習慣に加えて，母親の胎内にいるときから守られ，愛されているという感覚を抱き，誕生後も絶対的な安心・安全感の下で，自分もその環境の一員として主体的に活動できることを意味する．それゆえ非認知的能力は，幼児教育から小学校教育への移行を支える基盤ともなる．

1.3.4　保幼小における「連携」と「接続」の再考

これまでに述べた本章の内容を踏まえて，あらためて，「保幼小の連携・接続」というときの「連携」と「接続」について考えておきたい．酒井（2011）は，一般的な意味として，連携は"同じ目的を持つ者が互いに連絡をとり，協力し合って物事を行うこと"，接続は"つなぐこと，つながること，続けること，続くこと"としたうえで，幼児教育と小学校教育においては，「幼児教育と小学校教育の接続を達成するために，保育所・幼稚園と小学校が相互に協力すること」を連携，「幼児教育と小学校教育とをつなぎ，円滑な移行を達成すること」を接続と定義している（pp.65-67）．

この定義においては，保育者や教員，保護者といった大人と保育・教育機関が子どものために幼児教育と小学校教育とをつなぎ，円滑な移行を達成することが「保幼小の連携・接続」であり，こうした解釈は，従来の「保幼小の連携・接続」

に向けた取り組みを確かに示している．

　しかし「小1プロブレム」は，子ども自身が幼児教育から小学校教育への移行に際して困難を覚え，様々な課題に直面して起こる現象である．つまり子どもは大人から支援されるだけの存在ではなく，保幼小の連携・接続の当事者である．そこで本書では，次のように保幼小における「連携」と「接続」を捉えたい．

　　連携…幼児教育から小学校教育への移行を保障し，可能にするために，各個人だけではなく，保育・幼児教育機関と小学校ならびに家庭や地域，行政とが相互に協力し合うこと

　　接続…子どもたち自身がそれまでに幼児教育で培われてきた経験や発達を基盤に小学校教育へと主体的につながろうとすることであり，同時に保育者や教員，保護者が子どもたちを小学校教育へとつなげようとする営み

1.4　本書の構成と概要

　最後に本書の構成と概要について述べる．第1章では，保幼小の連携・接続が求められる背景となった小1プロブレムとその原因とされる事象を解説するとともに，事例をもとに「子どもが小学生になるということ」について考え，「子どもの生活をつなぐ」という視点に基づく保幼小の連携・接続の必要性について言及した．この視点については，保育所，幼稚園，認定こども園，小学校における実践事例をまとめたコラムからも補足され，各コラムでは保幼小の連携・接続に向けた取り組みも紹介される．

　第2章では，生涯にわたる発達の基盤となる0～2歳時期に着目し，3歳以上児と小学校教育における学びの基礎となる発達を示すとともに，学びの芽生えについて事例をもとに解説する．続く第3章では，幼児教育の特性である遊びを通した総合的な指導と環境を通しての教育について解説したうえで，事例をもとに協同的な遊びが協同的な学びへとつながっていくプロセスとそのために必要となる指導計画と評価について論じる．

　一方，第4章では，小学校学習指導要領の改訂を受けて，今回の改訂で義務付けられることになったスタートカリキュラムの例を示しながら解説するとともに，小学校低学年の学びと教師の役割について，校内研修として実施される授業研究会での教師の発言から考える．また第5章ではわらべうたに着目し，幼児期から小学校の中・高学年での授業に至るまでの指導について言及する．

　また本書では，子どものよりよい育ちを支えるには保護者を支え，支援するこ

とも重要と考え，保護者支援の視点からも保幼小の連携・接続を捉える．そこで第6章において特別な支援を必要とする子どもの就学先とその特性を示した上で，特別支援学校での指導例から解説を行う．また第7章では学童保育を取り上げ，子どもの発達に欠かせない「家庭」と「学校」以外の第3の居場所の確保が子どもの発達のみならず，保護者にとってどのような意味を持つのかについて，学童保育を取り巻く現状と事例から解説する．最後に第8章において，子どもの育ちと学びの連続性を保障するという観点から保幼小の連携・接続について総括する．

以上により，本書では「子どもの生活をつなぐ」という視点から，幼児教育における豊かな遊びと学びが小学校教育において確かな学びへと発展していくという長期的な子どもの発達と学びのプロセスについて学んでいく．

文　　献

遠藤利彦：乳幼児期におけるアタッチメントと自己・社会性の発達．平成28年度第5回保育講座　特定非営利活動法人　東京都公立保育園研究会広報238号，6-20，2016

福元真由美：「小一プロブレム」とは何か．現代と保育，**82**：64-75，2012

濱名陽子：幼児教育の変化と幼児教育の社会学．教育社会学研究，**88**：87-102，2011

小玉亮子：途切れない時の流れのなかに，区切りがあるということ．In 小玉亮子（編著）：幼小接続期の家族・園・学校，ⅰ～ⅴ，東洋館出版社，2017

厚生労働省：保育所保育指針，2017

文部科学省：小学校学習指導要領，2017

文部科学省：幼稚園教育要領，2017

内閣府・文部科学省・厚生労働省：幼保連携型認定こども園教育・保育要領，2017

岡本夏木：新版 小学生になる前後―五～七歳児を育てる，岩波書店，1995

佐伯胖：新版「わかる」ということの意味，岩波書店，1995

酒井朗：保幼小連携の原理的考察．In 酒井朗，横井紘子：保幼小連携の原理と実践―移行期の子どもへの支援，63-77，ミネルヴァ書房，2011

清水美紀，加藤美帆，小玉亮子：接続期の親たちの期待と不安．In 小玉亮子（編著）：幼小接続期の家族・園・学校，40-53，東洋館出版社，2017

吉川はる奈，上野彩，船山徳子：小学校1年生の学校適応過程に関する研究―幼稚園から小学校への移行をめぐる問題への考察．埼玉大学紀要教育学部（教育科学），**55**(2)：41-50，2006

第2章　3歳未満児にはじまる保幼小の連携・接続

　子どもの育ちを考えるとき，"△か月だから〜ができる"，"△歳だから〜ができる"というように，月齢や年齢でその子どもの育ちを判断してしまう傾向がある．しかし子どもの育ちは胎児期から始まっており，子ども一人一人の育ちの連続性のなかで理解していく必要がある．

　たとえば，1歳頃になると多くの子どもが歩くようになるが，それは1歳になったから歩くようになったわけではない．誕生後の首の座り・寝返り・お座り・(はいはい)・つかまり立ち・伝い歩き・ひとり歩きという発達の道筋をその子なりの速度で通過し，ようやくひとり歩きという育ちに到達するのである．これが発達の連続性である．

　その間，子どもと関わる保育者は，子どもがひとり歩きをするまでじっと待っているわけではない．子どもたちの育ちに応じて保育室の環境を見直し，子どもが安心して過ごすことができ，やがては遊びに興味が持てるように環境の再構成を行っていく．また玩具なども子どもの育ちに応じたものを提供するように検討を繰り返す．そして保育者自身についても，一人一人の子どもにとって最もふさわしい関わりができているのかを常に意識しながら子どもと関わっている．

　言い換えるならば，子ども自身がその子どもなりのペースで育とうとする力と，育ちを援助する大人の様々な配慮との相互作用によって，子どもは成長・発達を遂げ，主体的に遊び，遊びを通した学びの芽生えへとつながっていくのである．すなわち0歳時期からの様々な経験の積み重ねが，その後の遊びや学びの基盤となる．

　このように計画を作成して実行し，子どもの実態に即しているのかを確認して改善するという流れを「カリキュラムマネジメント」といい，P（Plan）D（Do）C（Check）A（Action）サイクル（図2.1）と呼ばれる方法で展開されることが多い．子どもの育ちを支えるということは，まさにPDCAサイクルの

図 2.1　カリキュラムマネジメント（PDCAサイクルイメージ図）

連続である．

そこで本章では，子どもの遊びや学びの基盤を培い，学びの芽生えの時期ともなる3歳未満児の生活について触れ，この時期の大人から子どもへの関わりが，その後の遊びや学びにどのようにつながっていくのかについて，「非認知的能力」に焦点をあてて考えていきたい．

2.1 生涯発達の根底となる非認知的能力－なぜ，非認知的能力なのか－

2.1.1 認知的能力と非認知的能力

数が読める，文字が書ける・読めるなど，知識を得たり，記憶をしたり，正しく読み書きができるといった知的能力（知力）のことを「認知的能力」という．認知的能力は数量化しやすく，成果や効果が目に見えるため保育においても意識しやすい．認知能力を育てていくことは，保育課題の1つでもある．

それと同時に，「非認知的能力」を育てることも重要といわれている．非認知的能力とは，好奇心が豊かである・失敗してもすぐにくじけずに失敗をうまく生かすことができる・必要なときには集中できる・頑張るべきところでは頑張れる・我慢ができる・自分にそれなりの自信がある（自己肯定感が高い）などである．これらは認知的能力のように数値化することは難しいが，人が生きていくうえでは欠かすことのできない大切な能力であり，大人になってからの経済的安定や社会で成功する力にもつながっていくことがわかってきている（Heckman, 2013；Tough, 2016）．

こうした非認知的能力を育むには，子どもの心と脳が動かされるような体験の積み重ねが大切であり，保育においては，子どもが「なんだろう？」「やってみたいな」「どうなっているんだろう？」と興味をもって取り組み，没頭できるような環境を整えていくことが重要となる．その際，乳児期から無条件に愛される体験を積み重ね，特定の相手との間にアタッチメントが形成されることが重要であり，こうしたアタッチメントの形成が"何かあれば自分は必ず助けてもらえる"という他者への信頼感や自分を認められるといった自己肯定感などの非認知的能力を育む土台となる．すなわち非認知的能力は，単に教え込んで獲得できるものではなく，乳児期からの大人の関わりが必要不可欠である．

さらに重要なことは，認知的能力と非認知的能力が互いに関係し合って獲得されていくことである．どちらか一方だけが育まれていても，その子どもにとって望ましい育ちにはなりにくい．例えば，計算がとても好きな子どもがいるとしよ

う，計算が好きで数えることが得意ということは認知的能力の1つと考えられる．しかし少し難しい課題で答えを間違うと，そこですぐに諦めてしまうならば，頑張る力や失敗をしてもくじけずに失敗をうまく生かすといった非認知的能力の育ちが不十分と考えられる．つまり非認知的能力が十分に育っていないと，その子どもが持っている才能を最大限に生かすことができない．

2.1.2 子ども・子育てを取り巻く状況と保育所保育指針の改定

こうした非認知的能力の育ちの重要性は，保育所保育指針の改定にも関係している．2017年に約10年ぶりに保育所保育指針が改定された．この間，子どもの育ちや子育てをめぐる家庭や地域の状況の変化に伴い，「すべての子どもに質の高い保育・教育を」という目標のもと，子ども・子育て支援新制度（2014年4月）が施行されるなど，保育をめぐる状況も大きく変わってきている．

そこには少子化や核家族化が進み，子育てに関するアドバイスや支援，協力などを身近な人々から得にくくなったことや，兄弟姉妹の減少により，乳幼児と触れ合う経験が乏しいまま親となる人が増えているといった背景がある．さらに地域のつながりの希薄化により，子どもが地域の中で大人に見守られながら群れて遊ぶ機会がなくなり，自生的な育ちが困難になっている．また女性の社会進出などにより，共働き家庭が増加し，仕事と子育ての両立も課題とされている．このように子どもの育ちや子育て家庭を取り巻く環境が変化していることによって，保護者の就労の有無にかかわらず，子育てに対する負担感や不安感，孤立感が高まっている．

一方，近年，国際的な様々な研究成果（e.g. Heckman, 2013）の蓄積により，乳幼児期に自尊心や自己制御，忍耐力といった非認知的能力を身に付けることが，その人の人生全体に大きな影響を与えることがわかってきている．またこの非認知的能力の獲得には，乳幼児期の大人の関わりが重要な役割を果たしているという研究成果が報告されている（「発達」153号；「園と家庭をむすぶ げ・ん・き」158号）．こうした事柄を背景に，2017年の保育所保育指針の改定においては，生涯発達の基礎となる0,1,2歳時期の保育の内容や方法，保育の質のあり方が注目され，「乳児」と「1歳以上3歳未満児」の保育に関する記載が充実したのである．

具体的には，「乳児」は生活や遊びが充実することによって，子どもたちの身体的・社会的・精神的発達の基盤が培われていくという考え方に基づき，身体的発達に関する視点「健やかに伸び伸びと育つ（健康）」，社会的発達に関する視点「身

2.1 生涯発達の根底となる非認知的能力－なぜ，非認知的能力なのか－

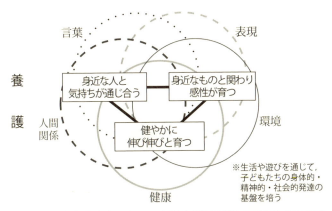

図 2.2 0 歳児保育内容のイメージ（社会保障審議会児童部会保育専門委員会：保育所保育指針の改定に関する議論のとりまとめ，2016）

近な人と気持ちが通じ合う（人間関係・言葉）」，精神的発達に関する視点「身近なものと関わり感性が育つ（環境・表現）」という 3 つの視点でねらいが定められている．これら 3 つの要素の境界は曖昧であり，3 つの領域が少しずつ重なり合い影響し合いながらそれぞれの側面が育っていく．そして，これら 3 つの要素が幼児期以降の 5 領域（健康・人間関係・環境・言葉・表現）につながっていく（図 2.2）．

なお「1 歳以上 3 歳未満児」の保育内容は 5 領域で示されているが，これは 3 歳以上児の保育内容をそのまま適用することではない．子どもの育ちに応じて乳児期の 3 つの視点から徐々に 5 つの領域の視点へと移行する時期が「1 歳以上 3 歳未満児」という捉え方がふさわしい．

子どもは 1 歳を過ぎた頃から「自分で」しようとする時期に入る．しかし「自分で」しようとする気持ちがあっても，実際には大人の援助を必要とする場面が多い．また言葉の育ちにおいても，自分の気持ちや状況などを言葉でうまく伝えられない時期でもある．大人の目には癇癪や反抗と映ることもあるが，子どもにとっては，"やろうとしてやったのに，できなかった"という状況である．そのため保育者が先回りして代わりに行ったり，"どうせできないから"と子どもの意欲を削ぐような関わりは避けるようにしたい．むしろ子どもが自分でやろうとした意欲や努力を温かく見守り励ますことが大切である．なぜならこの時期の子ども

は，自分の気持ちを認めてもらえる安心感や失敗しても頑張ったことを受け入れてもらえるという経験を通して，諦めない力や自己肯定感など，生きるために必要な非認知的能力を身につけていくからである．

2.1.3 乳児保育における養護と教育の一体性と応答的関わり

先に述べたように，2017年の保育所保育指針改定においては，3歳未満児の保育を「乳児」と「1歳以上3歳未満児」に分けて記載したうえで，総則に「養護」に関する基本的事項を明記しており，「養護」の視点を踏まえた保育展開（養護と教育の一体性）の重要性が示されている．

「養護」とは，おむつを交換する，授乳をするなど世話をすることだけではなく，子どもが安全かつ衛生的に過ごせるような環境を整えること，温かく受容的な関わりを通して子どもとの間に信頼関係を築き，子どもが安心して過ごせるようにすることなど保育の基本となる援助や関わりを指す．実際の乳児保育においても，「養護と教育の一体性」を意識した保育があらゆる場面で行われている．

例えば授乳の場面を考えてみよう（図2.3）．授乳行為そのものは養護的側面である．養育者は，授乳を行う際に乳児の目を見ながら微笑んだり，「○○ちゃん，ミルクを飲みましょうね」「もうおしまいよ」「おいしかったわね」「もっと飲みたかったの？」などの言葉をかけている．こうした養育者からの優しく温かな関わりや言葉かけによって，乳児は"人はいいものだ"ということを学び，場面に応じた言葉などを学んでいくことができるのである．これらの関わりは教育的側面である．

このように発達初期の乳児期の保育においても養護と教育を一体とする保育が営まれており，幼児期へと移行していくのに伴って養護と教育にかかる割合が徐々に変わっていくといえる．このときに重要なことは，保育者からの応答的な関わりである．

とくに乳児期は，情動が内外未分化という状態（喜怒哀楽程度の情動表現）にある．内外未分化とは，その感情や物事が自分の中のことなのか，外で起きてい

図2.3 4か月児授乳場面．養育者に抱かれ，見守られながら安心してミルクを飲んでいる

るものなのかがはっきりしない曖昧な状態のことである．そのため泣いたときに，大人がそばに来てくれて抱いたり，撫でたりしながら「寂しかったのね」「そばに来てほしかったのね」などと，乳児の気持ちを言葉にして応答していくことを繰り返すことによって，乳児は自分の感じている気持ち（e.g. 寂しい）を理解していく．

例えばおむつを交換する際に，乳児を黙って抱きあげ，黙ったままおむつを交換し，元の場所に戻すというような機械的な行為は，応答的な関わりとはいえない．「〇〇ちゃん，抱っこしましょうね」と言いながら乳児を抱き，「おむつを交換しましょうね」「さっぱりしたね」と言葉をかけながらおむつを交換するなど，乳児にとって心地よい言葉をかけ，乳児と保育者との情動的交流を行う（図2.4）．こうした乳児と保育者の互いの気持ちを響き合わせた関わりが，乳児が生きていくうえで重要な信頼感を育むことにつながる．

図 2.4 7か月児．おむつを替えてもらい，養育者に「さっぱりしてよかったわね．」と言葉をかけてもらい，嬉しそうに養育者を見ている

2.2 3歳未満児の保育における非認知的能力の育ちと学びの芽生え

本節では，3歳未満児の保育において，どのように非認知的能力が育まれていくのか，その際に保育者としてどのようなことに配慮していくことが望ましいのかについて，事例を通して学んでいきたい．

2.2.1 非認知的能力を育む基盤

非認知的能力を育む前提条件として，「子どもが落ち着いて過ごせる環境が整っているのか」と「子ども自身が自由に自分を表現できる雰囲気であるか」が挙げられる．すなわち乳児期から丁寧な対応や応答的な姿勢，子どもをありのまま受けとめる温かく受容的な態度などが大切となる．言い換えるならば，「子どもが落ち着いて過ごせる環境が整っていること」と「子ども自身が自由に自分を表現できる雰囲気であること」が保障されることによって，子どもの"やってみよう！"という意欲や"自分で！""自分が！"という主体性が引き出され，非認知

的能力を育む基礎が培われていく．

そのため保育においては，子どもが自分らしく振る舞い，安心感を得ているかについて，常に意識して配慮する必要がある．その際，保育者自身の表情・態度・言葉遣い・視線などのすべてが子どもに影響を及ぼしているという意識をもって保育にあたることが大切である．なぜならば，子どもたちは保育者の表情や言動から自分が受容されていることを実感でき，"ありのままの自分を表現してよいのだ"という安心感を得て，周囲のモノや人などに意識を向けて，落ち着いて遊び，集中することが可能となるためである．

2.2.2　非認知的能力を育む保育の実践

ここでは，事例を通してより具体的に学んでいく．図 2.5 は，保育所の 0 歳児クラスにおいて，食事を終え，自分のエプロンを片付ける様子である．0 歳児クラスの食事では，テーブルごとに担当の保育者が座って援助している．子どものイスは自分で着席できるように子どもの身長に相応しい高さとなっており，足が床につかず，ブラブラしてしまう場合には足元に台を置いて安定させることができるように配慮している．子どもに応じた高さのテーブルとイスを使用すると，子どもは自分の意思で食卓につくことができ，「ごちそうさま」と食卓を離れるこ

図 2.5　0 歳児クラスの食事風景（保育所）

ともできる．
　また各テーブルに保育者が1人ずつ座っていることで，子どもは保育者と同じように落ち着いて着席することができる．食事中の会話もテーブルごとになるため，大きな声を出す必要がなく，落ち着いて会話を楽しめる一方，食事中の援助もその場で行うことができる．その際，保育者のそばには，子どもがこぼしたり汚したりしてもすぐに対応できるように布巾やタオルなどが準備されており，その都度立ち歩く必要がなく，食事の時間中，落ち着いた雰囲気が保たれる．こうした整えられた環境があるからこそ，落ち着いて食事を楽しめることが可能になる．
　①は，食べ終わった子ども（写真手前）が着用していたエプロンを保育者がたたむのをじーっと見て観察をしている場面である．こうした関わりを毎日繰り返していくことで，子どもは徐々に自分でたたもうとし始める．
　②，③は，たたまれたエプロンを持って，着替えを担当する保育者のもとへ自分で行き，エプロンを渡している様子である．このときに重要なことは，子どもが困ったり不安を感じたりした際に，振り向くと担当保育者が見守っていることを確認できることである．このことが安心感を抱き，"自分でやってみよう"という意欲につながる．また保育者は，子どもが自分でやろうとすることを先取りせず，子どもが自分でエプロンを渡せるように待っている．そしてエプロンを受け取ると，保育者は「ありがとう」と子どもに伝える．子どもはこのように日々繰り返される生活の経験から状況に応じた言葉を自然と学んでいく．
　④は，「着替えましょうね」という保育者からの言葉かけによって，奥の部屋に向かう姿である．保育者は「どれを着ましょうか？」と問いかけながら，子どもが自分で選べる配慮をする．このように子どもの意思を確認・尊重しながら関わることで，子どもは自分で考え，自分で判断して生活できるようになっていく．なお，子どもの人数が多い場合，着替えの際にパーテーションを置き，プライバシーを守る配慮も大切である．
　以上のように，0歳児の食後のエプロンを片付けるという一連の行為のなかにも，子どもが自分でできるようになるための保育者の意図的な計画と配慮が垣間見える．こうした保育者による環境構成と応答的な関わりによって，子どもたちは安心感を抱き，自ら周囲の様々な環境に進んで関わろうとする主体性が育まれると同時に，保育者からの援助を受けながら"自分でできた"という経験を通して自己肯定感を高めていく．これが非認知的能力の育ちであり，「学びの芽生え」

へとつながっていく．

2.2.3　非認知能力の基盤としての保育者とのアタッチメントの形成

非認知的能力の育ちには，アタッチメントの形成に基づく基本的信頼感と自己肯定感の獲得が関係する．アタッチメントとは，人が特定の他者との間に築く情緒的な結びつき（Bowlby, 1969）であり，その形成には，「養育者が子どもの欲求に丁寧に応答する行為」，「しがみついた時に柔らかいと感じる感触」，「子ども自身が自由に探索活動することを保障すること」が重要とされる（遠藤，2017；無藤・汐見・砂上，2017）．

アタッチメントは「しがみつく」という意味合いを持ち，しがみつける他者が日常的にそばに存在することで，乳児が不安や恐れなどのネガティヴな情動を感じたときに，その他者にしがみつくことで不安や恐れなどを軽減し，安心・安全感を取り戻していく．この繰り返しを通して乳児の心のなかに，しがみつくことのできる他者への信頼感が育つ．これが基本的信頼感である．基本的信頼感が培われると，"自分は無条件でありのまま愛されている"という感覚や"自分はこのままで大丈夫だ"という感覚といった自己肯定感が育まれ，しがみつくことのできる他者以外の人への信頼感を形成することにもつながっていく．この点について，事例からも確認してみよう．

図 2.6 は，午睡をしていた 7 か月児が目覚めた際に，そばに保育者がいないことに気づき，泣いて保育者を呼び，保育者が「○○ちゃん，目が覚めたのね」と言いながら子どものもとへ行き，抱き上げた姿である．この子どもは，保育者に抱かれて，子守唄をうたってもらい，安心して気持ちよさそうに再びウトウトし始めた．この一連のやりとりは，子どもがそれまでの経験から，自分が泣いたら保育者がすぐに来てくれるという安心感を抱いていることから生じており，実際に保育者がそばに来てくれ，応答的な関わりを受けることで保育者への信頼感をよりいっそう深めていく．このことは保育者だけではなく，家庭での養育者と子どもとの関わりにおいても同様である．

図 2.7 ①は，アンパンマンの起き上が

図 2.6　7 か月児保育場面（午睡）

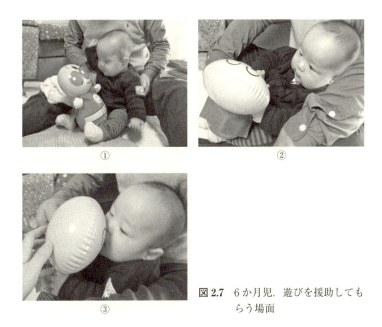

図 2.7　6か月児．遊びを援助してもらう場面

りこぼしに興味を持つ6か月児の姿である．この子どもはアンパンマンの鼻をなめたいのだが，触ろうとするとアンパンマンが後ろに倒れてしまい，なかなか思うように触ることができない．何とかしてアンパンマンを触ろうとするものの，困り果てて「ん〜，ん〜」と唸るような声を出し，後ろで体を支えている保育者の方を見て助けを求め始める．

　この「ん〜，ん〜」という声を聞いて，保育者が「そうだね．アンパンマンが逃げちゃうね」と言葉をかけながら，アンパンマンを子どもの手が届くところまで持ってきた様子が②と③である．その結果，子どもは満足するまでアンパンマンを触ったりなめたりして遊ぶことができた．

　このように，乳児と関わる大人によって子どもが安心して過ごすことのできる環境を整えられ，「やってみたい！」という遊びを援助されることで，子どもたちは安心して興味のある遊びに集中することが可能となる．そして夢中になって遊ぶことによって，子どもの主体性や自主性，集中力などの非認知的能力の育ちが促されていく．

2.3 3歳以上児の保育へのつながり

　最後に，3歳未満児（0～2歳児）の保育において育まれた非認知的能力が3歳児以降の育ちにおいてどのようにつながっていくのかについて考える．

　図2.8左は，排泄を済ませた2歳児が「先生見てて！」と言いながら一人で手を洗っている様子である．図2.8右は，この「先生見てて！」という子どもの言葉に応じて，保育者が「見ているからね」と，着替えをしている子どもと一緒に手を洗う2歳児の様子を振り返りながら見守っている様子である．その後，手洗いを済ませた2歳児が「できた！」と伝えると，保育者も「一人で洗えたね」と応答し，一人で手を洗うことができたことを喜び合う．このとき，保育者と一緒に着替えをしていた子どもも一緒になって喜んでいた．

　このように0～2歳時期に，保育者とのアタッチメントの形成に基づく基本的信頼感と自己肯定感が育つと，子どもは徐々に"自分でやってみよう"と様々なことにチャレンジし始める．この"自分で""自分から"という自発的な気持ちが育まれると，3歳児以降になっても自分から周囲の様々な環境に関わろうとする．これが「学びの芽生え」につながる姿である．すなわち発達の連続性とは，"△歳児になったから～ができるようになる"という考え方ではなく，乳児期からのその子に必要な様々な経験の積み重ねの上に現れる育ちといえる．

　最後にもう1枚写真を紹介する．図2.9は，2歳児クラスの3月の様子である．この子どもは室内でブロック遊びをして過ごしていた．ブロック遊びに興味がなくなってきたころ，園庭で遊ぶ子どもたちの声が耳に入ってきた．そして園庭に興味のあることを発見し，ブロックを片付け，保育者に「お外に行くの！」と伝

図2.8　2歳児保育場面（手洗い）

え，自分で靴を履いて園庭へ行く．そして園庭のおままごとコーナーで，4歳児や5歳児に混ざりながら楽しそうに遊んでいた．それは給食の時間まで続き，保育室に戻る際には満足そうな表情を浮かべながら，保育者に「明日もあそぼ！」と言っていた．

この2歳児は，1か月後には3歳児クラスに進級する子どもであるが，自分で外の様子に興味を示し，外遊びをすると

図2.9　2歳児保育場面

決め，保育者に伝えて，自分で靴を履いて遊びに向かっていくという主体性が見受けられる．こうした姿が3歳児以降においても，自ら遊び，遊びのなかで学ぶ基礎となっていく．

第2章では，幼保小の連携・接続がスムーズに行われるために3歳未満児の時期に必要となる育ちと関わりについて学んできた．3歳未満児の時期には，とくに非認知的能力を育むことがその後の主体的な学びにつながる．非認知的能力は，獲得するとその後の人生にも影響し続ける能力といわれているが，一方的に教えられて獲得できるものではなく，乳児期からの大人との関わり合いのなかで子どもが主体的に獲得していくものである．子どもと特定の大人との間に信頼関係が築かれると，子ども自ら徐々に興味ある周囲の環境に関わろうとし始めるのである．これが「学び」の芽生えである．

文　献

Bowlby, J.：Attachment and Loss. Vol.1, Attachment, Basic Books, 1969.
遠藤利彦：非認知的な能力の源にあるアタッチメント，「園と家庭をむすぶ げ・ん・き」No.158（特集 非認知的能力の源を探る），pp.2-14，エイデル研究所，2016
遠藤利彦：赤ちゃんの発達とアタッチメント―乳児保育で大切にしたいこと，ひとなる書房，2017
ジェームズ・J. ヘックマン（著），古草秀子（訳）：幼児教育の経済学，東洋経済新報社，2015
　［原著／Heckman, J.J.：Giving Kids a Fair Chance, The MIT Press, 2013］
厚生労働省：保育所保育指針解説，2018
「発達」153，Vol.39【特集】最新・アタッチメントから見る発達），ミネルヴァ書房，2018
無藤隆，汐見稔幸，砂上史子：ここがポイント！3法令ガイドブック―新しい「幼稚園教育要領」「保育所保育指針」「幼保連携型認定こども園教育・保育要領」の理解のために，フレーベ

ル館，2017
日本子ども学会（編）：保育の質と子どもの発達―アメリカ国立小児保健・人間発達研究所の長期追跡研究から，赤ちゃんとママ社，2009
OECD（編著），星三和子，首藤美香子，大和洋子，一見真理子（訳）：OECD 保育白書―人生の始まりこそ力強く 乳幼児期の教育とケア（ECEC）の国際比較，明石書店，2012
ポール・タフ（著），高山真由美（訳）：私たちは子どもに何ができるのか―非認知的能力を育み，格差に挑む，英治出版，2017［原著／Tough, Paul：Helping Children Succeed：What Works and Why, Houghton Mifflin Harcourt, 2016］
社会保障審議会児童部会保育専門委員会：保育所保育指針の改定に関する議論のとりまとめ，2016
汐見稔幸（監修）：保育所保育指針ハンドブック 2017 年告示版，学研，2017

写 真 協 力
社会福祉法人ふたば会双葉保育園，ほか

コラム1　保育・教育実践から語る保幼小の連携・接続
　　　　　　　　　　－保育所－

　社会福祉法人日吉会やなぎ保育園は，緑豊かな環境に恵まれており，子どもたちが様々な活動や体験を通して仲間と共に育ち合っている．

野菜の収穫体験から育まれる子どもの育ち
　「やなぎっこ農園」では夏野菜を中心に様々な野菜や果物を栽培している．子どもたち自身が種まき，苗植え，水やりを行い，収穫した野菜は給食や調理保育で活用している．登降園時には畑のそばを通りながら「あっ，トマトがオレンジ色になっている！　今日の給食で食べられるかな？　キュウリはみそマヨで食べたいな」などと期待を膨らませている．
　そうしたなか「自分で収穫した野菜を全部持って帰る」と言い張る子がいた．「お父さん，お母さん，おじいちゃん，おばあちゃんにもあげたい」と言う．保育者としてその気持ちはよくわかり，優しい気持ちが育っていると嬉しく感じる．他の子は「保育園で食べる分が無くなってしまう」と最初は喧嘩腰であったが，次第に話し合うようになる．子どもたちは皆，「収穫した野菜を持ち帰りたい」という気持ちは共感している．「何個持って帰る？　4人家族だからトマトが3つでキュウリが1本欲しい．どうやって決める？　じゃんけん？　あみだくじ？」など様々な意見が飛び交う．その後，お土産として順番に収穫した野菜を持ち帰ってよいことになり，その日に持ち帰れなくても「次の日のキュウリの方がもっと大きくなっているかもしれない」など，我慢を楽しみに変えていけるようになった．
　また，秋にはサツマイモを収穫してさつま汁を作る．幼児クラス（3～5歳児）はそれぞれ役割が決まっており，年少児は収穫したサツマイモをきれいに洗う．これが簡単なようで難しい．手でゴシゴシ洗っても土がきれいに落ちず，タワシでゴシゴシこすると皮まで剝けてしまう．子どもたちは，これまでに保育園で収穫したサツマイモを食べてきた経験から，皮に旨みがあるのを知っており，どうしたらよいかを考える．
　「そうだ洗濯機だ！」子どもたちはタライのなかで大量のサツマイモをグルグ

ルと回し始める．しばらくすると，黒い水のなかから赤紫色のきれいなサツマイモが見つかる．子どもたちは洗濯機のように水中でグルグル回すときれいになることに気づき，それが楽しくて仕方がない様子で何度も繰り返す．そして満足そうな表情を浮かべながら，きれいになった大量のサツマイモを持って，「おいしいさつま汁を作って下さい」と年中・年長児へバトンタッチする．年中・年長児は「任せとけ」と言わんばかりの自信に満ちた表情である．自分たちでサツマイモ，長ネギ，ゴボウ，ニンジンを切り終えると，熱い湯気が上がる大きな釜の中へそっと投入する．子どもたちは包丁で野菜を切るときよりも緊張した表情である．

さつま汁ができあがると，ホールに幼児クラスが集まり，一緒に食べる．自分たちで育て，収穫し，調理したさつま汁は格別であり，「おいしい！ おいしい！」と食が進み，おかわりも進む．サツマイモを器の中から見つけると嬉しそうな表情を見せ，小さく切りすぎて溶けてしまっていても「だから汁が甘いんだー！ おいしい！」などと会話を弾ませている．

子どもたちの興味や関心から集中力を育む

本園では「きょうのおたのしみ」と題して，毎日読み聞かせを行っており（図1），子どもたちもその日の物語に期待を寄せている．「きょうのおたのしみ」で読まれる本は日がわりでロッカーの上に置かれることが恒例となっている．「おはよう！ きょうのおたのしみは何だろう？」とロッカーの上を見る眼差しはウキウキしており，そうした姿を見ることは保育者の楽しみでもある．そして実際に「きょうのおたのしみ」が始まるときの子どもたちの集中力や注目する姿に保育者も毎回感心し，ワクワクする．子どもたちは姿勢を正して前のめりになり，絵本や紙芝居の内容を興味深く聴きながら夢中になっている．年長児クラスになると，それまでの日々の読み聞かせの積み重ねから，子どもたちは長い話にも期待を膨らませ，吸い込まれていく．2部作など長編の紙芝居の続きを翌日に読もうとしても，集中力がついているので，長時間座っていることよりも，続きが明日に延びてしまう苦の方が大きくなってくる．

図1　読み聞かせへの興味をひくしかけの例

こうした子どもたちの育ちは，一定時間，椅子に座らせ，集中して話を聞いたり，見たり書いたりすることを訓練してきたからではない．子どもたちは興味あるものへと吸い込まれたときに時間を忘れるほど夢中になり，自然に習慣として身についていくのである．そのため「きょうのおたのしみ」のように，日々の保育のなかに子どもたちが興味や関心を抱くことのできる活動を設けることで，小学校の授業においても次への期待を持って臨む基礎を培えると考える．

子どもたちが主体となって生み出す遊びと学びの連鎖

年明けには，子どもたちから「先生ー，年賀状きたよー！ ありがとう！」とたくさんの言葉が届く．そして「お返事書きたい．○○ちゃんにも書きたい」，「お手紙ごっこやりたいね」，「郵便屋さんごっこする？」と会話が弾み，「どうして郵便屋さん私の家がわかったんだろう？」と様々なことを考え始める．

子どもたちは保育室に常備された白い紙や鉛筆を持ち出し，文字を書いたり可愛いマーク（♡や☆）や絵を描いたりする．まだ文字のわからない子は，友だちに聞いたり，保育者に聞いたり，平仮名表を見て書いたりと忙しそうだが，とても楽しそうである．ある子どもが郵便番号に気がつくと，今度は数字表の前が混み合い，別の子どもが「切手を貼らないと！」と言いだすと，自由に使って良いシール（おたより帳のシールの余り）を貼り始める．子どもたちの手紙は魅力的な仕上がりになり，周囲の子どもたちにも連鎖していく．このように子どもたちは，文字や数字に興味を持ち始めると，「書きたい」「学びたい」という意欲が湧き，遊びのなかで友だちと一緒に文字や数字に触れ，学んでいくのである．

また，生活のなかで文字の必要性を感じることで，子どもたちの心と体が動き出すこともある．たとえば，折り紙で作ったものは自分のロッカーに片付けるという約束がある．しかし保育者が「これだれの？」と何度も子どもたちに問いかけることも多く，朝の会では落とし物の話となり，持ち主が見当たらないこともあった．そこで子どもたちと話し合うと，「大事にする．無くさないようにする」，「名前を書いたら無くならない」，「名前を書けない子は何か目印を付ける」，「ロッカーに片付けないでリュックに入れる」，「落ちていたら拾ってあげる」などの様々な意見が出て，みんなで考え始める．そして子どもたち自身が『折り紙で作ったものは名前を書いてリュックに入れること』をルールとして決めた．

正直なところ，担任保育者には以前とあまり変わらない約束事にも思え，半信半疑の気持ちであった．しかしながらそれ以後，折り紙や描いた絵が落ちてい

り，誰のものかがわからない状態はなくなり，子どもたちは自分たちで考えて決めたルールをしっかりと守っていた．ここに子どもたちが主体的に考えることで，問題を解決していく姿をみることができる．

さらに年長児になると，グループ当番やグループ製作など，集団で活動することも多くなる．その際，意見がぶつかり合うこともあり，自分の意見を主張しつつも相手の気持ちにも気づいたり，時には我慢をしないといけない場面もあるが，乳児期から幼児期の終わりまでの間に，保育園生活や遊びのなかで人と関わることの楽しさが十分に育つことで，子どもたちは「友だちが発言しているときは喋りたくても，自分が発言するときを待つ」という約束が守れるようになる．

このように保育所保育においては，様々な経験を通して，人と関わる力や感性，認識力，思考力などを豊かに育み，小学校就学への期待や意欲を高めながら自然に学び合い，子どもたちが共に育ち合うことを支援することが重要である．こうした子どもの育ちについて，保護者とも共通理解を図りながら，社会の宝である子どもたちと向き合っていきたいと考える．

保育所児童保育要録の活用による小学校との連携・接続と保護者支援

小学校へ申し送る書類として保育所児童保育要録（以下，保育要録）がある．保育所では，一人一人の子どもの入園からの育ちの姿をもとに，入学後にも気にかけてほしいことを記しており，小学校においても連携書類として十分に活用されることを望んでいる．なかでも近年は，小学校の先生が保育所に来園して連携を図る機会も増えており，そうした話し合いの場においても保育要録が活用されることを期待している．

また保育要録は，保護者にも開示が可能である．しかし，ほとんどの保護者は開示を求めていないのが現状である．保護者にとっては，小学校の入学説明会での「これができていると望ましい」という助言が参考になる反面，プレッシャーや不安となることもある．その焦りが子どもに伝わっていることも少なからず見受けられる．こうした不安要素を取り除くための1つの手立てとして，保護者には保育要録の開示をすすめたい．子どものさらなる育ちへとつなげるために，保育所から小学校へどのような内容を申し送っているのかについて関心を持ってもらい，家庭での我が子の姿と集団での我が子の姿の双方を保護者が知ることで，一人一人の子どもに合った支援を理解することができ，就学後においても，子どもと保護者が安心して学校生活を送れると考える．

保育・教育実践から語る保幼小の連携・接続
　　　　　　 －認定こども園－

　認定こども園では，0歳からの入園や3歳からの入園など，入園する年齢の違いにより，園での経験年数が異なる子どもたちが共に過ごしている．また，昼食後に帰る子どもと，午睡をして夕方以降に保護者が迎えに来る子どもがおり，子どもたちの在園時間も多様である．そのため認定こども園では，この「多様性」をキーワードに様々な配慮工夫がなされて教育・保育が展開されている．
　特に乳幼児期は，生涯にわたって生きる力と人格形成の基礎を育む大切な時期である．そのため認定こども園での教育・保育においては，乳幼児期の特性と個性，個人差を踏まえながら，乳児期には保育者との愛着関係を基盤に安心，安定，信頼感を育むなかで周囲の環境に興味や好奇心を持って主体的に関わり探究する生活を大切にし，幼児期には主体的で対話的な深い学びにつなげていくことが重要である．

主体的に環境に関わり，試し，探究することから生まれる学びの芽生え

　事例1　「まねっこ」──1歳児・2歳児，4月
　2歳児のFくんは，親指，人差し指，中指を器用に使い，手ゴマやクルクルコマをまわせるようになっていた．ある日の朝，Fくんは保育室の床にあった小さなプラスチックボトルを見つけその前に座って親指，人差し指，中指を器用に使って回し始めた（図1左）．
　その様子を隣に座り，Fくんと同じ目の高さでじっと見つめている1歳児のSくん．クルクルと回っているボトルをじっと見つめている．Sくんもやってみたいと思ったのか，目の前にあったクルクルコマを見つけると，片手で払って回し始める．Fくんと同じようには回っていなかったが，コマの回る様子をじっと見つめ始めた．初めは上から，しばらくして上からの目線ではなく，身体を横に倒し目線を床に平行にし，じっとその動きを見つめるSくん．Fくんもその様子を見つめながら，自分のボトルを回し続けた．
　そのうち，Sくんの視線を感じたFくんはSくんをじっと見つめ返し，2つあっ

図1 真似っこ（2歳児）

たボトルのうち1つをSくんに差し出す．まるで「やってごらん」と勧めているかのよう．受け取ったSくんはFくんを真似してボトルを回そうとするが，なかなかうまく回らない．それでも2人は並んで座り，お互いに回っているボトルを見合いながら挑戦し続けていた（図1右）．

乳児にとって初めて出会うものすべてが興味関心の対象である．事例1においても，Fくんの回すコマに引き付けられたことから，Sくんの「まねる」ことによる挑戦が始まる．まねることは「学ぶ」ことでもある．初めはコマが回る様子を上から見ていたが，しばらくすると回る元を探しているかのように，今度は身体を横にしてコマと同じ高さになって，見て確かめようとしている．一方向からだけではなく，角度を変えて確かめようとする姿には探究心が溢れている．

また，FくんとSくんの間に言葉はないが，Sくんの視線を感じたFくんは，Sくんの思いを察して，2つあったボトルの1つを差し出している．ここには相手の思いを汲んで分かち合おうとする姿と思いやりの心の芽生えが見受けられる．

このように子どもたちは，興味関心を呼び起こす豊かな環境と出会うことによって，自ら積極的に取り組む「主体的な学び」が生まれ，人と関わり合い，モノと関わり合う豊かな「対話的な学び」を体験していく．その際，異年齢児との関わり合いは，年上の子どもがしていることがモデルとなって，"やってみたい"という気持ちが引き出されたり，年下の子どもに気持ちを寄せるといった，子ども同士の育ち合いと学び合いを生む1つの契機となる．

事例2 「水の不思議」—2歳児，12月
テラスで水遊びをしていたA君．水を汲みいれたバケツの水面を見つめている．

図2　水の不思議（2歳児）

　息を吹きかけると水面が揺れ動くことを発見し，夢中になって繰り返し吹いている（図2左）．次にザルを重ねてみると，泡がぶくぶく浮かび上がる．その泡を指でそっと押すと消えてなくなる．これが面白くて何度も繰り返す．
　その様子をそっと見守っていた保育者の姿に気づくと，「みてみて，ゆらゆらうごいてるの」と教えてくれる．また，そばに来た友だちにも，その発見を一生懸命に伝えている．「みて，こうやるとね…」と説明する姿が誇らしげで，自分の発見に共感してもらうことを喜びとしているかのようであった．
　そして，その日の給食の時間のことである．お味噌汁を飲もうとしたとき，汁の表面が揺れている様子に目を留めたAくん（図2右）．みるみると表情が変わり，大きな声で「さっきと同じ！」と言う．

　砂遊びや水遊びに夢中になるなかで，子どもたちはたくさんの発見や学びを体験する．そしてその体験は子どもの内側に刻まれて次のステップにつながっていく．実際に事例2においても，Aくんが水の不思議に興味を示し，夢中になって試した体験が，給食の時間における次の新しい発見としてつながっている．
　こうした子どもたちの主体的な活動を支えているのは，信頼できる保育者の存在である．Aくんが「みてみて」と言った際に，その言葉を受けとめてくれる人，応えてくれる人，共感してくれる人がいるからこそ，子どもたちの主体性と意欲が育まれていくのである．だからこそ保育者は子どもたちが試していることに心を寄せ，子どもと一緒にワクワクし，不思議を共に見つめる存在でありたい．こうした保育者の応答的で共感的な関わりが子どもの学びをより深いものにしていく．
　また本事例においてAくんは，自分の発見を友だちにも誇らしげに伝えていた．互いに伝え合い，認め合える仲間との関係もまた，子どもたちの学びの意欲と学びの広がりにつながる．このように身近な大人との信頼関係を土台にして，

仲間と共に心動かされる体験を積み重ねていく遊びのプロセスこそ，幼児の学びといえる。

以上の 2 つの事例からみてきたように，子どもたちは日々の生活や遊びの場面で出会う様々なモノやコトに興味を持ち，主体的に関わろうとしている。子どもたちにとって，"なに？""なぜ？""おもしろい！""ふしぎ！"と感じ，心動かされる体験は，"やりたい"という気持ちにつながり，実際にやってみることで様々な気づきや工夫，試行錯誤が生まれる。これが学びの芽生えである。そして時には，失敗や上手くいかないことも経験しながら，繰り返し粘り強く取り組んでいく過程は学びに向かう力といえる。

このように遊びや主体的な活動を通して体験的に育まれた力や学びの芽生えが生涯にわたる学びの基盤となり，小学校における学習にもつながっていく。今後も子どもたちの育ちの連続性が確保されるよう，小学校教育との円滑な接続を図っていきたい。

認定こども園園児指導要録について

短時間保育児（3〜5 歳児）と長時間保育児（0〜5 歳児）が混在する認定こども園の要録は，指導要録（幼稚園）に保育要録（保育所）の「養護に関わる事項」と「子どもの健康状態」が加わった形式となっている。幼保連携型認定こども園園児指導要録は，それぞれの子どもの入園から卒園までの園児の成長の記録であり，発達と学びの連続性を大切に，一人ひとりの育ちを小学校につなげる資料である。また，それぞれの子どもが持つ，その子らしさ（個性）や良さ，可能性を伝えていくものでもある。

一方，保育者にとっては，一人ひとりの発達の捉えや子ども理解，指導や援助などについて，自身の保育を振り返る機会となる。その作成にあたっては，日常の保育記録や個人記録が土台となることから，個人面談の折などに育ちの記録としてまとめておくとよい。その際に，できたかできないか，早いか遅いかといったことを基準とするのではなく，その子どもの特徴や得意なこと・苦手なこと，配慮の必要なことをはじめ，具体的なエピソードから子どもの成長の過程と変容を記録することで，その子どもの着実な成長の一歩を記すことを心がけたい。そして要録を作成することを通して，園全体でも保育内容を吟味し，次年度のよりよい保育につなげていくことが大切である。

第3章 3歳以上児からつなぐ保幼小の連携・接続

3.1 幼児教育の独自性－環境を通しての教育と遊びを通しての総合的な指導－

　2017年3月,「保育所保育指針」「幼稚園教育要領」「幼保連携型認定こども園教育・保育要領」(以下「3法令」)が同時に改定(訂)・告示され,2018年4月より施行されている．この改定(訂)・告示により,3歳以上児の保育は「幼児教育」とされ,保育所・幼稚園・認定こども園それぞれの独自性はあるものの,どの幼児教育施設に通っても等しく質の高い教育が受けられることを保障している．ここでいう幼児教育は,環境を通して行うことを基本として,子どもの自発的な活動としての遊びを中心とした総合的な指導によって行われる(表3.1)．

表3.1 3法令にみる環境を通しての教育と遊びを通しての総合的な指導(一部抜粋)

・保育所保育指針(第1章　1(1)イ　・2(3)オ)
保育所は,(中略)子どもの状況や発達過程をふまえ,保育所における環境を通して,養護及び教育を一体的に行うことを特性としている．　(中略)　オ　子どもが自発的・意欲的に関われるような環境を構成し,子どもの主体的な活動や子ども相互の関わりを大切にすること．特に,乳幼児期にふさわしい体験が得られるように,生活や遊びを通して総合的に保育すること．

・幼稚園教育要領(第1章　第1〜)
(前略)幼稚園教育は,学校教育法に規定する目的及び目標を達成するため,幼児期の特性を踏まえ,環境を通して行うものであることを基本とする．(中略)　2　幼児の自発的な活動としての遊びは,心身の調和のとれた発達の基礎を培う重要な学習であることを考慮して,遊びを通しての指導を中心として第2章に示すねらいが総合的に達成されるようにすること．

・幼保連携型認定こども園教育・保育要領(第1章　第1-1・(3))
乳幼児の教育及び保育は,(中略)乳幼児期全体を通して,その特性及び保護者や地域の実態を踏まえ,環境を通して行うものであることを基本とし,家庭や地域での生活を含めた園児の生活全体が豊かなものとなるように努めなければならない．(中略)(3)乳幼児期における自発的な活動としての遊びは,心身の調和のとれた発達の基礎を培う重要な学習であることを考慮して,遊びを通しての指導を中心として第2章に示すねらいが総合的に達成されるようにすること．

3.1.1 環境を通しての教育とは

幼児教育における環境とは，保育者や同異年齢の子どもといった人的環境，玩具や遊具などの物的環境に加えて，自然や文化，空間といった子どもを取り巻く多くの事物を意味する．

例えば4歳児クラスの秋，子どもに自然と触れ合う経験をしてほしいと考え，近くの公園へ散歩に出かけた事例を紹介する（事例1）．

事例1 「大きいのいっぱいだね」

松ぼっくりを見つけたユウキが「大きい松ぼっくりみつけた」と保育者に見せると，保育者は「ほんとうだ．大きいね．他にもあるかな？」と他の子どもたちにも聞こえるようにこたえる．すると子どもたちは松ぼっくりを探し始め，チヒロが「私も大きいのみつけたよ」と言うと，タクミは「オレの方が大きい」と対抗し，松ぼっくりの大きさを比べ合う．

その後，保育者は子どもたちが集めた松ぼっくりや落ち葉の中から大きめの松ぼっくりをいくつか借りて子どもたち全員に見せる．レンが「大きいのいっぱいだね」と言ったので，保育者は「いっぱいって，いくつかな？」と尋ねると，レンは数え始め，「1，2，3，4！ でっかいの4つだ！」と言う．確かに，保育者の手のひらには大きな松ぼっくりが4つのっていた．

事例1にもみられるように，幼児教育においては様々な事物が環境となる．そのため保育者が様々な事物の中に意図や願いを反映させ，子どもたちにとって身近な環境をつくり出していくことで，園生活の中で「物」を比べたり，数を数えたりする経験ができるようにし，数量への関心や感覚を養っていくことが大切である．これが小学校において数量を学ぶ基礎へとつながっていく．

3.1.2 遊びを通しての総合的な指導とは

乳幼児は遊ぶことで学んでいる．ここでいう「学び」とは，数量概念の理解や言葉の習得といった認知能力に限らず，友達関係や保育者との関係，自分の気持ちをどのように伝えたらよいのか，あるいは葛藤をどのようにコントロールするかといった非認知能力も含まれる．その際，幼児教育においては「協同性」（友達と関わる中で互いの思いや考えなどを共有し，共通の目的の実現に向けて，考えたり，工夫したり，協力したりして，充実感を持ってやり遂げるようになる）を重視しており，3法令においても幼児期の終わりまでに育ってほしい姿の1つと

3.1 幼児教育の独自性−環境を通しての教育と遊びを通しての総合的な指導−

して挙げられている．

> **事例2　「みんなで遊ぶと楽しいね」**
> 　3歳児クラスの11月．年長が遊んでいるこおり鬼を見ていた3歳児クラスの子どもが「ぼくもやりたい」といったのがきっかけで3歳児クラスでのこおり鬼が始まる．通常のこおり鬼は，鬼と逃げる側に分かれ，鬼にタッチされたらその場で固まって動けなくなり，仲間にタッチされたら再び動けるようになり，全員固まったら鬼の勝ちというものである．しかし，3歳児にはこのルールが難しいため，大きめの安全地帯を作り，その中にいれば捕まらないルールにし，初めのうちは保育者が鬼の役を担当した．
> 　「先生，今日もやろう！」の声で数人が集まる．スタートの合図と同時に，子どもたちは安全地帯から飛び出てくる．鬼（保育者）が子どもたちを追いかけると「キャー！」といって逃げ回る．そんな中，低月齢児のサラはじっと安全地帯から動かない．鬼（保育者）が遠くにいても，それを見てはいるものの外へ出ようとしない．
> 　しばらく遊びが続いた後サラは，すぐ近くに固まっている（鬼にタッチされた）仲間を助けようとするがやはり安全地帯から出ることができない．それを見た鬼（保育者）がわざと遠くの子を捕まえに行くと，ほっとしたように仲間を助けに行き，見事に救出に成功する．その後，鬼（保育者）が「全然捕まらない．子どもチームの勝ち〜」というと，子どもたちは「やったー！」と大喜び．サラはニッコリ微笑み，「みんなで遊ぶと楽しいね」とつぶやいた．

　3歳児クラスの集団遊びでは，ルールを守って遊ぶことよりも，「みんなで遊ぶことの楽しさ」を味わってもらうことを重視することがある．事例2においても保育者が鬼の役になることで，子どもの反応を見ながら追いかけるスピードに強弱をつけたり，時には捕まえてみたりと調整して，3歳児でも無理なく楽しんで遊べる環境を整えている．

　一方サラは低月齢児で身体もまだ小さく，走ることに自信がない．「助けに行きたいけれど行けない．捕まったらどうしよう」という気持ちが強く，躊躇している．子どもたちを追いかけながらも保育者はサラの様子を把握しており，あえてサラから遠く離れた場所にいることで，サラが1歩踏み出すきっかけをつくっている．その結果，サラは仲間を救出することに成功し，達成感を得て，「みんなで遊ぶと楽しいね」とつぶやいている．ここに協同性に向かう芽生えが見受けられる．

事例3 「やりたくない！ でも，やっぱりやる！」
　4歳児クラスの11月．こおり鬼は，保育者が鬼をやらなくても遊べるようになった．保育者は，適度な大きさの安全地帯をつくり，審判役として見守る．
　いつものように子どもたちから「こおり鬼やりたい！」の声があがる．5人対5人で鬼役と逃げる側に分かれてスタート．鬼と追いかける人数が半々だと，鬼は逃げる側を捕まえやすい．特に，足の速いハルキが鬼にいるので，好勝負となった．そんな中，ナノミはすぐにタッチされてしまい「やっぱり抜ける」と言い出す．さらに「レナちゃんも抜けようよ」とレナを誘う．レナも「うん」と言われるがまま抜けた．保育者は，あえて何も言わずにその場を見守る．それによって3人対5人となり，あっというまに逃げる側は全滅してしまう．捕まったサラは怒り，「ナノミちゃんが途中で抜けたから負けた！　ズルイ！」「こんなのもうやりたくない！」と大声で泣く．
　保育者はもう一度，こおり鬼に参加していた10人を集めて話し合う．サラが「ズルイ」と言っていた意味をもう一度考えてみる．「どうしたらいいと思う？」とみんなに問うと，ユキが「ナノミちゃんがいなくなったからいけないんだよ」と言う．それでは，ゲームが1回戦終わるまでは途中で抜けないルールにしようかと問い，全員で確認した．ナノミも「それでもいいよ」と了解する．サラはまだ納得いっていないようだったが，保育者が「サラちゃん，もう1回やるかい？」と声をかけると「やりたくない！　…でも，やっぱりやる！」とゲームが再開された．

　「こおり鬼」は事例2のように3歳児クラスの頃から繰り返し楽しんできた遊びであり，事例2においてはルールを守りながら遊べるようになっている．しかし勝ち負けへのこだわりが強くなり，いざこざが多くなる．「タッチされてないよ」と言ったり，足の速い子のいるチームに入りたがったりと，すぐに「先生～！　○○ちゃんがズルした～」などと声がかかり，遊びが中断する．その都度，保育者は仲立ちして話を聞いたり，ルールを一緒に考える．事例3においてもサラは勝ち負けにこだわりを見せており，負けると泣き叫んでいる．
　4歳児になると，少しずつ自己中心性からの脱却に向けての経験が求められる．家庭の中では自分中心にわがままを言える状況でも，集団生活では都合よくいかなくなる．子ども一人一人が自分の気持ちをコントロールし，みんなでルールを守って遊ぶと楽しいのだと気がつくことで，しだいに生活や遊びでのいざこざが減ってくる．そうしたとき，保育者は「クラスがまとまってきたな」と感じる．そのため，この時期の保育者には裁判官のようにジャッジするのではなく，子ど

もたちと一緒にどうすればよいのかを考え，クラス内に協同性が育まれていくようにサポートすることが求められている．

> **事例4 「友達のためにがんばる！」**
> 5歳児クラスの11月．こおり鬼は，すっかり子どもたちだけでも遊びこむことができるようになった．安全地帯をつくり，10人程度で遊んでいる子どもたちを保育者は見守っている．
> 逃げる側はほとんど捕まり，残るはサラだけとなる．「ユメちゃん，ランちゃん待っててね．今助けに行くから！」と安全地帯でサラは声を出す．しかし鬼が近くにいるので出ていくのは難しい状態にある．ユウキは「サラちゃん，鬼があっち向いているときにサッと行くんだよ！」と，サラにアドバイスする．ハルは鬼に向かって「あれはなんだ！」と大きな声を出して鬼の注意をそらそうとしている．「サラならできる！ がんばって！」という声も聞こえる．サラは「わかってるけど，行けないよ！ …でもわたし，ユメちゃんのためにもがんばる！」そう言うと鬼の隙を見てダッシュでユメを助けにいく．しかし残念ながらサラは捕まってしまいゲームオーバー．サラは悔しくて泣いてしまう．すると，ユメが「サラちゃん，助けにきてくれてありがとう」と言い，ランも「サラちゃん，最後すごくかっこよかったよ」と言う．サラはみんなに励まされて，まんざらでもない表情をしている．

こおり鬼はこれまで繰り返し遊んできており，外に出ると自然に遊び始め，5歳児クラス後半には，いざこざもほとんどなく保育者は安心して子どもたちをみていられるようになった．チーム分けはグーパーで決めて，人数が半端だと「○○ちゃんを誘ってくる」といって子どもたちだけで人数調整もできる．

事例4は，遊びの終盤にサラが残り一人となった状況であり，サラにとってかなり不利な状態である．昨年までのサラであれば「こんなのムリだよ」といって諦めていたかもしれないが，この事例では前を向いており，大好きなユメやランを本気で助けようと努力している．同時に仲間もサラを助けようと考え，工夫した声かけをする姿には戦略性が垣間見え，サラの「ユメちゃんのためにもがんばる！」という言葉に保育者は感動する．

このようにみんなで遊ぶ楽しさを味わうことから始まり（事例2），たくさんの葛藤経験も繰り返しながら互いの気持ちを知り，自分の気持ちをコントロールする経験を通して（事例3），たくさんの喜びや悲しみ，悔しさや励ましを得て，そうした環境から感じたり考えたりした結果，協同性を身に付けていく．そのため協同性を身に付けることを目的に遊ばせるのではなく，子どもが主体的に遊ぶな

かで自然と協同性が身に付くように遊びを通した指導を行うことが大切である．

3.2　PDCAサイクルに基づく保育・幼児教育の実践

本節では，幼児教育の展開に欠かせない指導計画の立て方について学ぶ．

PDCAサイクルとは，計画（Plan），実行（Do），評価（Check），改善（Action）というプロセスを順に頭文字を取ったものであり，保育所・幼稚園・認定こども園においては，おおよそ以下のようなPDCAサイクルが考えられる．

① Plan：園における保育の計画

まずは計画を立てることから始まる．全体的な計画をはじめとする様々な計画が園には存在するだろう（図3.1）．それぞれの計画には，実際の子どもの姿から反映されたねらいがあり，その成長・発達を促す具体的な方策が記載される．

② Do：保育の計画を踏まえた保育の実践

子どもの実態を根拠に作成された保育の計画に沿って保育が実践される．複数の保育者で保育を実践する場合には，保育の計画を共有し，理解したうえで実施する．

③ Check：保育の計画と実施した保育の評価

実践後，保育の振り返りを行う．計画に記した子ども理解は適切であったか，ねらいや内容は適切であったかなどを確認．複数人で実施した場合は反省会などで共有する．

④ Action：評価を踏まえた改善策の検討

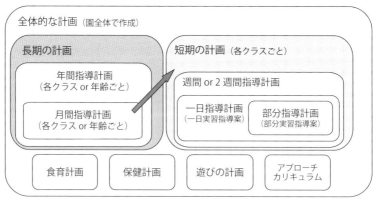

図3.1　保育における計画の全体像（例）

3.2 PDCAサイクルに基づく保育・幼児教育の実践

保育実践と評価後，次の保育実践の質を向上させるための改善策を検討する．反省会等で出た課題をもとに，ねらいや内容の見直し，想定外の出来事への対処法など新たな保育の計画に生かす方策を考える．

3.2.1 指導計画の作成

環境を通した教育を基本とし，遊びを通した総合的な指導を行うには，指導計画の作成が欠かせない．指導計画とは，それぞれの園での「全体的な計画」に基づいて，保育方針や目標を具現化した実践的な計画のことである．指導計画は，それぞれの時期のねらいや内容，環境構成，予想される子どもの姿や保育者の援助・配慮，家庭との連携などといった項目から構成されている．

長期的な見通しを持った年・期・月などの指導計画を長期指導計画，短期的な週・日等の指導計画は短期指導計画と呼ばれている．ここでは，短期の指導計画から，保育者養成校の学生が作成する一般的な実習指導計画の作成方法について説明していく．なお，ここからは「指導計画」を，一般的に広く使われている「指導案」とする．

実習指導案の様式は園や養成校によって様々である．そして，様式の特徴としては大きく2種類に分けられる．1つは，一斉保育を主とした書き方として時系列で書かれたもので，保育者側から活動を提案していくことが多く，実習生の部分実習指導案に用いられることが多い．ここでは活動提案式と呼ぶ（図3.2）．もう一方は，自由保育を主とした書き方として環境図メインで書かれたもので，一日指導案に用いられることが多い（図3.4）．ここでは遊び発展式と呼ぶ．どちら

実施日	クラス名・在園児数		実習者名	
子どもの姿		ねらい	内容	
①		②	③	
時　間	環境構成	予想される子どもの姿	保育者の援助・配慮	
④	⑤	⑥	⑦	
自己評価	⑧			

図 3.2 活動提案式の指導案様式例

の様式にせよ，子どもの実態（姿）を把握し，ねらいをもつことは共通しており，そのうえで，環境を構成し，子どもの反応やそれに対しての保育者の援助を予測して記入していく．

そこで，主に保育者養成校の部分実習で使用することの多い活動提案式（図3.2）の実習指導案をもとに基本的事項およびポイントを解説した後，活動提案式の指導案と遊び発展式の指導案の具体例を示す．

(1) 活動提案式の指導案の作成に向けた基本的事項とポイント
①子どもの姿
子どもたちがどのようなことに興味・関心を抱いているのかを記載する．実習初期の段階で子どもたちの生活する様子を観察し，友達や保育者とどう関わっているのか，遊びの興味と関心は何に向いているのかなど把握しておくとよい．
②ねらい
子どもの姿を受けて，この時期にどのように育ってほしいのかという保育者の願いを記載する．子どもの育つ方向性を示すため，活動が限定される書き方は避けたうえで，保育内容5領域のねらいや内容，幼児期の終わりまでに育ってほしい姿（表3.2）を意識して設定するとよい．
③内容
ねらいを達成させるために，どのような経験が必要であるかを具体的に記載する．ただし，「○○をする」という活動名の記載に留まらず，その活動によってどのような経験をしてほしいのかということも明記する．
④時間
活動の区切りごとに時間配分し，記載する．部分実習の場合は，おおよその流れを計画し，与えられた時間で終われるように計算しなければならない．
⑤環境構成
ねらいや内容を踏まえ，子どもが主体的に活動したくなるような準備物について記載する．製作であれば，材料や道具の置き方や配り方など，どうすれば子どもが関わりたくなるのかを想像する．空間の使い方として環境図を丁寧に記載することや安全性の配慮，事前確認など，記載事項は多い．
⑥予想される子どもの姿
子どもたちが環境に関わって遊ぶ姿を予想する．子どもの発達状況を踏まえ，どのように展開されるのか，子どもを主語とした活動の大きな流れを「○」を使

3.2 PDCAサイクルに基づく保育・幼児教育の実践

表 3.2 3法令にみる「幼児期の終わりまでに育ってほしい姿」(幼稚園教育要領より)

(1) 健康な心と体
　幼稚園生活の中で,充実感をもって自分のやりたいことに向かって心と体を十分に働かせ,見通しをもって行動し,自ら健康で安全な生活をつくり出すようになる.

(2) 自立心
　身近な環境に主体的に関わり様々な活動を楽しむ中で,しなければならないことを自覚し,自分の力で行うために考えたり,工夫したりしながら,諦めずにやり遂げることで達成感を味わい,自信をもって行動するようになる.

(3) 協同性
　友達と関わる中で,互いの思いや考えなどを共有し,共通の目的の実現に向けて,考えたり,工夫したり,協力したりし,充実感をもってやり遂げるようになる.

(4) 道徳性・規範意識の芽生え
　友達と様々な体験を重ねる中で,してよいことや悪いことが分かり,自分の行動を振り返ったり,友達の気持ちに共感したりし,相手の立場に立って行動するようになる.また,きまりを守る必要性が分かり,自分の気持ちを調整し,友達と折り合いを付けながら,きまりをつくったり,守ったりするようになる.

(5) 社会生活との関わり
　家族を大切にしようとする気持ちをもつとともに,地域の身近な人と触れ合う中で,人との様々な関わり方に気付き,相手の気持ちを考えて関わり,自分が役に立つ喜びを感じ,地域に親しみをもつようになる.また,幼稚園内外の様々な環境に関わる中で,遊びや生活に必要な情報を取り入れ,情報に基づき判断したり,情報を伝え合ったり,活用したりするなど,情報を役立てながら活動するようになるとともに,公共の施設を大切に利用するなどして,社会とのつながりなどを意識するようになる.

(6) 思考力の芽生え
　身近な事象に積極的に関わる中で,物の性質や仕組みなどを感じ取ったり,気付いたりし,考えたり,予想したり,工夫したりするなど,多様な関わりを楽しむようになる.また,友達の様々な考えに触れる中で,自分と異なる考えがあることに気付き,自ら判断したり,考え直したりするなど,新しい考えを生み出す喜びを味わいながら,自分の考えをよりよいものにするようになる.

(7) 自然との関わり・生命尊重
　自然に触れて感動する体験を通して,自然の変化などを感じ取り,好奇心や探究心をもって考え言葉などで表現しながら,身近な事象への関心が高まるとともに,自然への愛情や畏敬の念をもつようになる.また,身近な動植物に心を動かせる中で,生命の不思議さや尊さに気付き,身近な動植物への接し方を考え,命あるものとしていたわり,大切にする気持ちをもって関わるようになる.

(8) 数量や図形,標識や文字などへの関心・感覚
　遊びや生活の中で,数量や図形,標識や文字などに親しむ体験を重ねたり,標識や文字の役割に気付いたりし,自らの必要感に基づきこれらを活用し,興味や関心,感覚をもつようになる.

(9) 言葉による伝え合い
　先生や友達と心を通わせる中で,絵本や物語などに親しみながら,豊かな言葉や表現を身に付け,経験したことや考えたことなどを言葉で伝えたり,相手の話を注意して聞いたりし,言葉による伝え合いを楽しむようになる.

(10) 豊かな感性と表現
　心を動かす出来事などに触れ感性を働かせる中で,様々な素材の特徴や表現の仕方などに気付き,感じたことや考えたことを自分で表現したり,友達同士で表現する過程を楽しんだりし,表現する喜びを味わい,意欲をもつようになる.

った大項目に，その具体的な姿を「・」を使った小項目に分けたうえ，導入・展開・まとめを意識し記入する．

⑦保育者の援助・配慮

予想される子どもの活動に関連して，保育者（実習生）を主語として記載する．子どもの年齢や発達，養成校の授業で学んだことや実習で見た保育者の援助を生かしたうえで，「ねらい」や「内容」につながるよう適切な援助・配慮を記す．

⑧自己評価

ねらいや内容は達成することができたのか，子どもたちは楽しむことができたのか，自らの指導は適切に行えたのか，今後はどのように生かせるのかなど，全体を振り返って記載する．

(2) 活動提案式の指導案の具体例（図3.3）

(3) 遊び発展式の指導案の具体例（図3.4）

次に，遊び発展式の指導案を例示する．図3.4は図3.3の部分実習の全体像を示した同時期の一日指導案である．この遊び発展式指導案は，環境図を中心に作成される．たとえば，遊びを各コーナーに分割し，それぞれのコーナーで予想される子どもの姿・環境の構成・保育者の援助・配慮を記載している．このように遊び発展式の指導案では，1つの遊びに限定されることなく，物的・空間的環境を有効に構成することができることから，子ども一人一人の興味・関心を把握しやすく，前日までの子どもの姿を反映しやすいメリットがある．

3.2.2　保育・幼児教育の実践の振り返りと評価

保育後には指導計画をもとに保育者がその日に行った保育を思い出し，子どもの生活や遊びの実態，自身の関わりについて省察していく．子どもが何に興味を持っていたのか，どんなことを感じていたのかなどについて，子どもの気持ちになって一人一人の個性や発達の課題を捉え続けていくことが大切である．その際，2つの側面からの評価がある．

第1に，子どもの様子を振り返っての評価である．保育・幼児教育における評価は，子どもを比較して優劣をつけるような評価ではなく，保育のなかで子どもが変容していく姿を捉えながら，そうした姿が生み出された状況が適切であるかどうか検討し，より良い保育に改善するための手がかりを求めることが目的とされる．そのため子どもの姿を捉えることと，保育者の援助が適切であったかどうかを省察することがポイントとなる．

3.2 PDCAサイクルに基づく保育・幼児教育の実践

指導案の例「5歳児 ドッジボール」

10月10日（水） すみれぐみ 男児10名・女児8名 計18名		実習生名	
子どもの姿	ねらい		内容
・運動会の経験後，リレーや玉入れなど仲間と協力して楽しむ遊びが盛り上がっている． ・年長児としての特別な活動を好み，難しいことにも挑戦する姿が見られる．	・友達と遊ぶ中で共通の目的を見いだし，工夫したり，協力したりなどする ・友達と積極的に関わりながら，喜びや悲しみを共感し合う		・集団遊び「ドッジボール」を楽しむ中で，友達と共に作戦を練るなど工夫し勝利を目指す ・勝敗によって喜びや悲しみを友達と感じ合いながらドッジボールを楽しむ

時間	環境の構成	予想される子どもの姿	保育者の援助・配慮
10：00	○準備物 ・ドッジボールのボール（空気の入りをチェック） ・ライン引き（パウダーの残量を確認）	○園庭に集まる ・集合の呼びかけを聞いて保育者の前に集まってくる ・これから始まる遊びに期待を持つ ・外の違う遊びに興味を持つ子もいる	・ボールを持って園庭に行き，保育者の周りに集まるようにと声をかける ・「今日はこれを使って遊ぶよ」と子どもたちが興味を持てるよう声をかける ・違う遊びに興味を持つ子には「今日は先生と一緒に遊ぼう」などと声をかける
10：05	○園庭の環境図 ※事前に，ラインを引く場所を確認しておく（コートの広さも計算する）	○遊びのルール説明を聞く ・保育者の持つボールを気にする ・ルールを聞き，「知っているよ」といって得意そうにする子もいる ○チーム分けを行う ・二人組でジャンケンをする ・ドッジボールに不安そうな表情をする子もいる ・中央に集まり，はじまりのあいさつをする	・「このボールで何をすると思う？」など，子どもが興味をもてるようにする ・ドッジボールでよく遊んでいる何人かの子どもに手伝ってもらいながら，ルールを確認する ・チームごとに分かれ，均等になっているかを確認する ・ドッジボールが苦手そうな子には，得意な子に守ってもらうようにと声をかけ，さりげなく保育者が一緒のチームに入る
10：10	※他クラスがいなければ，園庭に出る前にあらかじめラインを引いておく	○ドッジボール一回戦を始める ・枠線の中いっぱいに広がる ・「キャー！」と声をあげて楽しそうな雰囲気を出す子がいる ・ルールが分からず，ボールが当たっても外野に出ない子もいる ・いろいろな子がバランスよくボールを投げることができる	・はじまりの合図をする ・場が盛り上がるように，子どもの名前を呼ぶなどして楽しい雰囲気を作る ・ルールが分からない子には，個別に声をかけて伝える ・安全に配慮し，それぞれの子どもの動きに気を配りながら，保育者もボールを投げ，ゲームの展開をコントロールする（いろいろな子にパスをする）
10：30		○一回戦の終了 ・始まりと同じ位置に集まり，保育者の話を聞く ・勝ったチームは喜び，負けたチームは悔しがり「もう一回やりたい！」という子もいる ○くり返し，二回戦を楽しむ	・終わりの合図をして，中央であいさつをするよう声をかける ・勝利チームをたたえ，負けたチームにも次に頑張ろうと声をかける ・時間を考えながら，2回戦，3回戦とくり返し楽しむ
11：00		・時間がきたら終了し保育室に戻る	・給食の時間であることを伝え，「またやろうね」と次に期待が持てるようにする
自己評価	ドッジボールの実践から，友達同士でルールを伝えあったり，味方をかばったりと協力して楽しむ姿が見られた．チーム分けの時に子どもたちから「リレーのチームでやろう」と声があがりジャンケンで決めることなくスムーズにチーム分けができた．このことから，5歳児後期では子どもたちが主体的に遊びを展開できるものだと感じたため次回遊ぶときには介入しすぎず子どもたちの様子を見つつ，意見が出ない時には「チームはどうする？」といったような声かけをしてみたい．明日もやりたいという声があがったので引き続き遊んでいく．		

図 3.3 活動提案式の指導案の具体例

第3章 3歳以上児からつなぐ保幼小の連携・接続

本日の指導案　10月27日　5歳児　すみれぐみ

子どもの姿	・先週の小学校交流会から,就学への意欲が高まっている子どもが多い。 ・寒暖差があり,体調を崩す子どもが増えている。
本日のねらい	・先週から楽しんでいる,好きな遊びを十分に楽しむ。 ・体調管理に留意し,規則正しい生活を送る。

〈登園〉8:30～9:00

◎目的をもって登園してくる。おたより帳にシールを貼り,その後は好きな遊びを楽しむ。昨日の遊びの続きを始める子もいる。

・体調を崩している子どもがいないか,視診を十分におこなう。病み上がりの子には室内での遊びを促す。
・保護者に会える場合は,連絡事項や家庭での様子を聞いておく。

〈室内の環境〉

〈好きな遊び〉9:40～11:00

◎保育室では,友達や保育者と関わって遊ぶ（各コーナー）

A.何でも製作コーナー
○何でも自由に製作できるコーナーとして,発想豊かに製作できるよう,材料入れに廃材を補充しておく。

B.学校ごっこコーナー
◎先週の小学校との交流会がきっかけで様々な素材からランドセルや黒板を製作し,見よう見まねで楽しむ。
○「算数ごっこ」をやりたいと子どもからリクエストもあるので,ノートや筆記用具などの材料も整える。

C.絵本の製作コーナー
◎紙とテープでノートを作り,オリジナルの絵本を作ることに夢中になる子もいる。
・学校ごっこに使用する「教科書」を依頼するなど,他の遊びにもつなげていく。

[室内配置図：ピアノ,出入口,棚,何でも製作コーナー,本棚,学校ごっこコーナー,絵本製作]

室内での留意点
・遊びの材料は豊富だが,中には希少な部品もあるため,譲り合いながら友達と関われるように伝えていく。
・良い作品や遊びのイメージなど,友達同士で共感したり認めたりできる雰囲気をつくる。

〈片付け〉11:00～11:15

◎明日も遊びが続けられるように場を残し,自分たちで整理できるようカゴ等を用意しておく。
◎片付け後のうがい,手洗い,排泄をすることを理解しており,進んで行動している。

〈給食準備～給食〉11:15～12:15

◎落ち着いた楽しい雰囲気で給食を食べることができる。
・長い針が「3」になったら片付けをするよう,前もって知らせておく。
・苦手な食べ物がある子には,無理強いしない程度に進めていく。

◎予想される子どもの活動　　　○環境の構成　　　・保育者の援助・配慮

図3.4①　遊び発展式の指導案の具体例

```
┌─────────────────────────────────────┬─────────────────────────────────────┐
│ D.砂場遊び                          │ E.泥団子作り・ツルツルプリン作り    │
│ ◎大きな山を作るのがブームとなっている。数  │ ◎土に水を混ぜて泥団子やツルツルプリンを作る。│
│ 人で協同して楽しむ。                │ 土と水のバランスを把握しており,白砂をかけるこ│
│ ◎落ち葉や木の実を使って,ままごと遊びを楽  │ とでツルツルになることを理解している子もいる。│
│ しむ子もいる。                      │ ○完成品を飾るための容器や保存場所を準備してお│
│ ○満足して遊べるように,道具や砂場用玩具を  │ く。                                │
│ 準備しておく。                      │ ・風が強いと砂が舞うので,天候を見ながら必要に│
│                                     │ 応じて対応する。                    │
└─────────────────────────────────────┴─────────────────────────────────────┘
                    〈園全体の環境〉
```

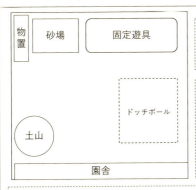

園庭での留意点
・寒暖差があるため,衣服の調整や水分補給など,子どもが遊びに夢中になっている時には,気がつくような声かけをする。
・保育者は遊びに介入しながらも全体を見通し,安全面に留意しながら保育にあたる。

〈給食後の休息と自由遊び〉12:30～13:30

・製作の続きや絵本,粘土をしたい子どももいるため,動線を考えた環境設定をおこなう。
・食後のお腹休めをするため,座って遊べる環境を整える。

〈降園の準備と保育者との時間〉13:50

◎降園の準備をする
○子どもが座る場所にゴザを敷いておく
・今日の出来事を振り返って,明日からの期待が膨らむような話をして降園の挨拶をする。

〈降園〉14:00～

評価:幼児→自分から進んで,友達や保育者と楽しく遊べていたか。
　　　保育者→遊びをする上での環境構成は適切か。子どもの動線を見ながら遊びが充実する援助ができたか。

図 3.4② 遊び発展式の指導案の具体例

第二に，指導計画の評価がある．指導計画の評価は，その構成と子どもの育ちの実態が適切であったか，計画した保育に対して「ねらい」「内容」「環境構成」「予想される姿」「保育者の援助」などが子どもにとって相応しいものだったかを省察する．その実践との関係にズレが生じていた場合，そのズレを解消するためにはどの部分を変えればよいのかを検討し，新たな指導計画の立案に臨む．そこでこの点について，活動提案式（図 3.3）の指導案の例から「自己評価」を引用し，解説する．
　「ドッジボールの実践から，友達同士でルールを伝えあったり，味方をかばったりと協力して楽しむ姿が見られた」．この記述から，指導案に記述した「子どもの姿」「ねらい」「内容」がある程度達成されたことがわかる．一方，「チーム分けの時に子どもたちから『リレーのチームでやろう』と声があがりジャンケンで決めることなくスムーズにチーム分けができた」では，「予想される子どもの姿」に対して想定外のことが起こった事実を示している．これを受けて「このことから，5歳児後期では子どもたちが主体的に遊びを展開できるものだと感じたため，次回遊ぶときには介入しすぎず子どもたちの様子を見つつ，意見が出ない時には『チームはどうする？』といったような声かけをしてみたい．」と記載されており，自らの指導が適切であったか考察したのち，次に向けた指導の改善点を示している．そして最後に「明日もやりたいという声があがったので引き続き遊んでいく」と記載することで，次の保育に向けてまとめている．このように，子どもの発達や理解に基づいた評価をすることで，次回の援助へとつながっていく．
　なお，実習生の場合は個人で反省・評価を行うことに加え，実習指導者の視点からアドバイスを受けることで新たな発見を得ることができる．当事者以外の視点から保育を見ることの利点は，新人保育者であってもベテラン保育者であっても同じであり，園内で記録を読み合い，話し合いをすることで子どもの姿を多面的に捉えることができ，それが園全体の保育の質向上につながる．

3.3　3歳以上児の保育から小学校教育へとつなぐ

3.3.1　アプローチカリキュラム

　様々な指導計画がある中で，小学校との連携において注目されているのが「アプローチカリキュラム」である．アプローチカリキュラムは，就学前の幼児が円滑に小学校の生活や学習へ適応できるようにするとともに，幼児期の学びが小学校の生活や学習で生かされてつながるように工夫された5歳児の指導計画のこと

3.3 3歳以上児の保育から小学校教育へとつなぐ

		10月　11月　12月	1月	2月　3月
幼児教育での活動	ねらい	・友達への親しみや信頼度を高め,共通の目的に向かって遊ぶ楽しさを味わう ・友達の必要性を実感し,仲間の中の一人としての自覚や自信を持つ	・様々な経験や対人関係の広がりを通し,自立心を高める ・自分の力を十分に発揮して,充実感や満足感を味わう ・成長の喜びを味わいながら,就学への意欲・期待をもつ	
	幼児の活動	[運動遊び] ・ドッジボール・ケイドロ ・大縄跳び・サッカーなど [季節を感じる体験] ・自然物で遊ぶ	[お正月遊び] ・かるた・こま回し・凧あげ [生活発表会への参加] ・劇・歌・合奏　など	[これまで楽しんできた遊び] [お別れ会への参加] [卒園式への参加]
小学校との連携	アプローチ	・定期交流会(学校探検) ・定期交流会(運動会ごっこ) ・アプローチ給食	・定期交流会(正月遊び) ・アプローチ給食	・定期交流会(体験入学)
	ねらい	・小学校の施設を知り,興味をもつ ・給食や生活の仕方を知り,園(幼稚園・保育所・こども園)との違いに気づく	・小学生への憧れの気持ちを持つ	 ・学習の仕方を知り,就学への期待を持つ
	援助	・施設について知らせる中で,小学校の楽しさが分かるよう具体的に伝えて関心がもてるようにする. ・給食の手順や食事時間など,園(幼稚園・保育所・こども園)との違いに気づけるような声かけをする. ・緊張することなく楽しく交流体験ができるように,個別に援助できるように配慮する.		

図 3.5　アプローチカリキュラム例（5歳児）

である（図3.5）．

　具体例の1つに，幼児教育施設である保育所・幼稚園・認定こども園と近隣にある小学校との間で行われている交流活動がある．子ども同士の交流を深めるとともに，保育者・小学校教員が互いに実践を振り返る中で，幼児教育と小学校教育のねらいの共通理解や，子どもの発達段階・実態の情報共有が行われ，連携のねらいに沿った交流活動が展開されるようになる．

3.3.2　要録の送付

　保育所や幼稚園，こども園といった幼児期教育施設における子どもの生活や遊び，子どもの育ちを小学校側に伝え，小学校での教育へとつなげる取り組みの1つとして，「要録」の送付が義務付けられている．幼稚園では幼稚園幼児指導要録，保育所では保育所児童保育要録，幼保連携型認定こども園では幼保連携型認定こども園園児指導要録が作成される．その際，前述した「幼児期の終わりまでに育ってほしい姿」を活用しながら，それぞれの幼児に育まれている資質・能力を捉え，幼児教育における指導の過程と育ちつつある姿をわかりやすく記入すること

に留意することが求められる.

　重要なことは,小学校入学前に子どもたちが過ごす環境が異なっていたとしても,保育者と小学校教諭が子どもの育ちについて共有したうえで学びの連続性を保障するために要録を活用することである.保育者にとっても要録の作成を通して一人一人の子どもの発達や援助を振り返ることができ,保育の質向上につながることから,それぞれの子どもの育ちについて的確に小学校教員へ伝えられるよう,幼児理解にもとづいた適切な評価ができるように努めたい.

　〔付記〕本章における事例は,すべて筆者の保育者時代の経験をもとに作成されたものであり,子どもの名前も仮名である.

文　　献

厚生労働省:保育所保育指針,2017
文部科学省:幼稚園教育要領,2017
内閣府:幼保連携型認定こども園教育・保育要領,2017

コラム3　保育・教育実践から語る保幼小の連携・接続
　　　　　　ー幼稚園ー

　文京区立本駒込幼稚園は3学年3学級の編成であり，幼児が日々興味や関心をもって主体的に遊ぶなかで学びの芽生えにつながる経験を積み重ねられるよう，教師が援助や環境構成を工夫しながら幼稚園教育を行っている．

必要に迫られる経験を通して数量への関心と感覚を育てる

> **事例1　「ジャガイモ，どのぐらいとれた？」**
> 　教師が年長児に園庭で育てているジャガイモを収穫すると告げると，「やったー」「いっぱい掘ろうよ」と嬉しそうに言う．教師が「土の中はどんな感じだろうね」と問いかけると，子どもたちは「小さいかもね」「このくらい大きいんじゃない？」と自分が予想する大きさを手で示したり，「20個くらい？」「100個くらいあるかも」と話している．
> 　幼児はジャガイモの茎を持って強く引っ張ってみるが茎の先にジャガイモが付いておらず，「先生，全然できてないよ」と言う．そこで教師が土を掘ってみようと促すと，子どもたちはすぐに土の中に手を入れて掘り始め，ジャガイモが出てくると，「わあ，いっぱい出てきた！」と，嬉しそうに教師に見せたり友達に伝えたりする．
> 　その後，教師が「じゃあテーブルにジャガイモを載せていこうか」と提案すると，子どもたちはジャガイモをバラバラに置き始めるが，A児の「ねえ，並べてみようよ」という一言で，数人がテーブルの端から並べていく．その様子を見たB児が「何個あるんだろう？　数え切れないね」とつぶやく．そこで教師がA3サイズの白い紙を敷き，「これに並べてみる？」と言いながら，水性ペンで縦線と横線を書き，ジャガイモが入る大きさのマス目を作っていく．するとC児が「あ，私も書きたい」と言い，教師からペンを受け取り，2枚目，3枚目と書き，そのマス目に次々とジャガイモが置かれていく（図1左）．
> 　教師が「きれいに並んできたけど，どうやって数えようか？」と問いかけると，B児が「私，書いてみる」と言い，マス目に1から順に数字を書き入れていく．C児がマス目を，B児が数字を黙々と書いていき，B児が「100まで書いたよ！」と言う．教師が「すごいね．よく書いたね」と言うとB児は笑顔になる．すると今度

はC児が「次,私が書きたい」と言い,B児と交代しながら進めていく.すべてのジャガイモをマス目に並び終えると,「195個あったよ!」「やったあ!」と喜ぶ.

その傍らでは数人の男児が「どのジャガイモが重いかな」と話し合っている.そこで教師が料理用の秤を用意すると,すぐに「これ何?」「重さ量るやつじゃない?」と言いながらジャガイモをいくつか載せていく(図1右).「針が動いた!」「もっと載せたらもっと動くんじゃない?」と秤の仕組みに気付くと,D児とE児は「このジャガイモとそのジャガイモを比べようよ」「どっちが重いかな」と重さを比べることを楽しみ,F児とG児は「たくさん載せてみようよ」「針が1周した方が勝ちね」と何個も載せて重さを合わせることを楽しむ.

図1　ジャガイモ収穫(年長児)

初めてジャガイモを収穫する幼児が多く,茎を抜けばジャガイモがついてくると思っていたのだろう.しかし抜いた茎にジャガイモがついていないことで予想が外れる.この予想通りにいかない事態に対して,教師が働きかけることで,ジャガイモがどのようになっており,どのように収穫すればよいのかという新たな発見と,ジャガイモを収穫できたという感動体験につながっている.

さらに本事例では,幼児が収穫物に触れることで数や重さに興味をもち,実際に数え,量っていく姿も認められる.そこには同時に,幼児の行動やつぶやきを捉え,タイミングを逃さずに教材や用具を提示することで,子どもの興味・関心から学びへと導いていく教師の援助が存在している.この援助は事前の予測に基づくものと,幼児とのやりとりのなかで臨機応変に行われているものとがある.

教師がテーブルや紙,料理用の秤などをすぐに出せるように準備していたのは,ジャガイモの収穫を行いながら,幼児がジャガイモの数や大きさに興味をもつことを予想し,数えたり量ったりできるようにするためであった(事前の予測に基づく援助).一方,教師が書いたマス目は1列に10個並んだものであり,10,20,30と列を数えることで容易に数を数えることを意図していた.しかし幼児から出

た発想は"マス目に数字を1から書いていく"というものだった．この幼児の姿を受けて，教師は幼児自身が考えた数え方によって，数え上げた嬉しさを味わえるように，幼児の発想や頑張りを見守り，認めている（幼児とのやりとりのなかで臨機応変に行う援助）．

同様に，教師がジャガイモの重さに注目した幼児の姿を捉え，料理用の秤を渡すと幼児は秤の仕組みに気づき，ジャガイモの重さを比較したり重さを足したりする楽しさを味わっている（幼児とのやりとりのなかで臨機応変に行う援助）．アナログの秤を選択した理由は，正確な計量のためではなく，数量への感覚を育むことを目的としたためであり（事前の予測に基づく援助），幼児自身が針の動きから重さを読み取ることで「数量への関心・感覚」を育むことにつながる．

小学校との交流を通して育む就学への期待と就学に向けた指導要録の作成

本園では，年長組後半に徒歩15分ほどの距離にある公立小学校で行われる学習発表会（11月）と1年生の授業の見学（2月）を，近隣の区立保育所とともに行っている．また2，3月に就学先となる小学校との連絡会も行っており，より具体的な姿や配慮点などを直接小学校に伝える機会を設けている．

事例2 「小学校って楽しそう！」

2月上旬，区立小学校で授業見学を行う．近隣の区立保育園と合同で数グループを作り，それぞれのグループごとに教室の後方から授業を見学させてもらう．1クラスに10分程度滞在し，4クラスの授業を順に見学する．

算数の授業見学では，電子黒板にリンゴのイラストが数十個映し出される．小学校の担任教師が「どうやって数えますか？」と問いかけると，教室の後ろで見学していた幼児は小声で「わからないよね」「40個くらいじゃない？」と話をする．小学生が手を挙げ，「10個ずつ数えます」「グループに分けて足します」などの意見を言うと，幼児は発表者に注目しながら集中して聞いている．

生活科の授業では栽培しているチューリップを観察する．小学生が自分の机に鉢を置き，芽が出ている様子を観察し，ノートに絵を描いている．担任教師が幼児に「前に出てきていいので，どんなことを描いているか見てみてね」と言うと，幼児は机と机の間を進み，チューリップの芽の様子を見たり，ノートを覗いて「色鉛筆使ってるね」などと友達同士で話す．

最後に担任教師が「ランドセルを背負ってもらいましょう」と言うと，1年生が自分のロッカーから嬉しそうにランドセルを持ってくる．幼児はおずおずとランド

セルを背負ったり，ランドセルの中の物を興味津々に見たりしている．
　その後，1年生と手をつないで体育館に行き，"猛獣狩り"をする．代表の1年生がゲームを始める前に「グループを作るときは，必ず幼稚園か保育園のお友達を1人以上入れてあげてください」と話し，その後，動物の名前を言って，その動物の文字数と同じ人数でグループを作っていく．1年生から「こっちだよ」「あと2人入って！」と声をかけてもらい，グループができてその場に座る．幼児は嬉しさや安堵の表情を見せながら，1年生や保育園児と関わり，ゲームを楽しんでいる．

　3校園（公立幼稚園・保育所・小学校）の交流は10年以上続いており，実際の授業を見学したり，ランドセルを背負わせてもらったり，一緒にゲームを行うことで，年長児が就学に対して安心感を抱き，小学校生活に見通しや期待をもつことができるように計画している．

　事例2で行った"猛獣狩り"については，事前に3校園でルールを共通にし，自園でも何度か遊んでから交流に臨んだ．交流当日は，初めての場や相手に緊張する姿も見られたが，事前にある程度ゲームに親しんでおいたことで，小学生や保育園児と一緒に遊ぶことを楽しむことができた．また交流後には，幼稚園において，工作紙でランドセルや筆箱を作ったり，ホワイトボードに数字を書いたり，ノートにマス目を書いたりするなど，"学校ごっこ"をより本物らしく再現して遊び，楽しむ幼児の姿がみられた（図2）．

　このように小学校との交流を通して，小学校生活に期待を持てるようにしたり，指導要録の送付や連絡会などで情報を共有したりすることで，幼稚園教育と小学校教育との円滑な連携・接続を図るよう努めることが大切である．その際，指導要録の「指導上参考となる事項」には，日々の記録や学期ごとに作成する個人記録を活用しながら，個々の幼児の成長や課題，配慮すべき点などを具体的に記入することで，小学校との連携・接続を円滑に進めることに役立つと考える．

図2　小学校見学（左：学校ごっこ，右：ランドセル）

第4章 小学校低学年における保幼小の連携・接続

保幼小の連携・接続において，小学校低学年段階の指導のあり方が問われている．それは単に具体的な方法を知ればよいのではない．「子どもの育ちや遊び，学びとは何なのか？」「小学生になるということが子どもにとって何を意味するのか？」といった観点から，私たちが暗黙のうちに持っている「人の学びとはこういうものだ」という学び観や授業観を問い直すことが重要となる．そこで本章では，授業中に子どもが何をどのように学んでいるのかを把握する教師の見取りや授業・カリキュラムのデザインに着目し，小学校の低学年における保幼小の連携・接続について学ぶ．

4.1 子どもにとっての低学年での学び

4.1.1 「小学生」になる子ども

入学した子どもたちは，どのような気持ちでいるのだろうか．新しい環境でこれから始まる小学校での授業，新しい友達や先生たちとの出会いに，期待と不安を同時に感じているだろう．

小学校に入学した途端に，子どもは形式上「小学生」になる．しかし子どもの成長のプロセスは，年齢や学校段階に従って一律に進むものではない．子どもによって多様な発達の道筋がある．成長の早いところもあれば，ゆっくりなところもある．小学校という新たな環境に適応することでの成長もある一方で，それぞれの子どもの育ちは連続しているため，「小学生だから」と一括りにすることはできない．このように，小学校に入学することは，子どもにとって切断と連続を二重に経験することを意味する．教職を目指す大学生に例えると，教員採用試験を受けて新任教師となったとき，立場としては教師であるが，すぐに教師に変われるわけではないことと同様である．大学を卒業したばかりの自分自身のあり方と，教師として求められる自身のあり方とのズレに格闘することが，初任期の教職アイデンティティ形成の課題としてあると考えれば，子どもにとっても，「小学生」として求められることと，自分自身の成長とのギャップに戸惑うと考えられる．

したがって保幼小の連携・接続では，新たな環境や人間関係への適応という切断を乗り越える経験を促すとともに，幼児期から育ってきた子どもの連続的な成長を支えることが求められる．言い換えるならば，保幼小の連携・接続は単なるシステム設計の話ではなく，私たちの教育観や学校文化に関わる．小学校教員であれば"小学校のことがわかればよい"，"入学時点での子どもだけを見ればよい"ではなく，「一人ひとりの子どもがどのように育ってきたのか」，そして「今後どのように育っていくのか」を見通そうとする姿勢で子どもたちに向き合うことが必要である．

4.1.2　子どもの育ちをつなげる視点

小学校の教員が保育所や幼稚園の子どもの活動を見る際，「遊び」の場面を中心に観察することになるだろう．子どもの遊びをよく観察すると，自分のできる範囲より少し難しい課題に挑戦したり，お互いの姿をよく見ながらよいと思ったことを真似したり，縄跳びの回数を100以上カウントしたり，調理保育で包丁を扱ったりなど，遊びを通して他者と関わりながら，小学校以降にもつながる学びを生み出している姿がいくつもみられる．実際，遊びが子どもの育ちにつながり，小学校以降の学びに生きてくることがある．

このような遊びを通した学びを前提とすると，小学校での子どもの学びはどのように考えられるだろうか．その際に重要なことは，「まだ1年生だから」「6年生と比べて…」という小学校の学年段階による視点にとらわれないことである．すなわち，まず小学校に入学してきた子どもたちの育ちや学びの事実を丁寧に見取ることで子どもの育ちの連続性を保障し，遊びから自覚的な学びへの移行をスムーズにつなげていくことが重要となる．

具体的には小学校への環境移行による子どもの戸惑いと期待を受けとめつつ，子どもが培ってきた資質・能力を発揮しながらさらに伸ばしていくために，低学年のカリキュラムや授業に工夫が必要となる．その際，子どもの育ちをつなげて捉えるための重要な文書として，「幼稚園幼児指導要録」や「保育所児童保育要録」「認定こども園園児指導要録」が役立つ．これらには子どもの長期的な成長の記録や今後の成長の可能性，配慮すべき内容などが記されているだろう．そのためそれぞれの子どもの「幼稚園や保育所などにおいてどのように育ってきたのか」という成長のストーリーを読み解く手立てとして活用することで小学校教育に生かすことができるだろう．

なお，小学校に入学した子どもの様子と要録に書かれている子どもの姿が異な

る場合もあるが，小学校への適応には時間がかかることを理解したうえで，その子どもが自分の本来の姿を安心して発揮できるよう努めることが重要である．なぜなら保幼小の連携・接続は，0〜12歳までの育ちにかかる取り組みであり，目の前にいる子どもの今の姿や短期間での変化と同時に，長期にわたる発達の視点から，子どもの育ちを共有していくことが必要不可欠だからである．

4.1.3 園での学びから小学校での学びを捉える

保幼小の連携・接続を円滑に行うために，保育所や幼稚園での育ちを受けて小学校低学年の指導を行うことが求められる背景は2つある（福元，2014）．第1に，小1プロブレムの予防である．小1プロブレムとは「小学校1年生の教室において，集団行動がとれない，授業中に座っていられない，先生の話を聞かないなど，学級での授業が成り立ちにくい状態が数か月にわたって継続する問題」（東京学芸大学，2010）である．

第2に，幼児期から育ってきたコンピテンシーや非認知的能力を，今後の学校生活全体を通して育成することである．ベネッセによる年少時期から小2期までの縦断調査（2017）によると，幼児期に「生活習慣」「学びに向かう力（＝非認知的能力）」「文字・数・思考」の順序で育ち，それが小1，2の段階で小学校以降の学習や生活に大切な「勉強する態度」につながること，この3つの力（生活習慣，学びに向かう力，文字・数・思考）を幼児期に身に付けることで小学校以降も伸びることが確認できたという．このことからは保育所や幼稚園などでの遊びを通した学びが小学校以降の自覚的な学びの土台となり，直結していることがわかる．

たとえば，小学校1年生の算数で扱う数は限られているが，保育所や幼稚園などで子どもたちが縄跳びの回数を数えるときには，100回近くまで達するときがある．このように遊びながら，自然と序数の概念の基礎や，数を学ぶことへの興味や関心が育まれていく．そのため子どもの育ちや園での取り組みを子どもたちの姿のなかに見取りながら，幼児期の遊びを通した学びと小学校以降の学びを分断することなく，子どもの成長過程としてつなげていくためのカリキュラムや授業のデザインが求められる．

4.2 授業をデザインする－カリキュラムの視点から－

幼児期の遊びを通した学びと小学校以降の学びを分断することなく，子どもの成長過程としてつなげていくためのカリキュラムとして「スタートカリキュラム」

がある．スタートカリキュラムとは，小学校に入学した子どもが，幼児期までの学びや育ちを活かして，新たな環境への適応と共に，自らの学校生活を創り出せるように配慮されたカリキュラムのことである．

こうしたスタートカリキュラムを小学校だけではなく，保育所や幼稚園と協働して作成することで，保幼小の連携・接続を円滑に進める取り組みがなされている．協働してスタートカリキュラムをつくる際の語り口は，主に3点ある．第1に，「就学準備や小1プロブレムの対応として，幼児期から小学校への移行と小学校文化への適応として語る語り口」である．第2に，「幼小は独自で対等な立場として保育園や幼稚園と小学校の接続カリキュラム開発を中心に語る語り口」である．第3に，「相互において異質なものの『出会いの場』として，歩み寄りの対話と共通の理解の中で一つの地域の保育・教育の文化を作り出そうとする語り口」である．保幼小の連携・接続を実質的に行っていくためには，小学校と園の文化としての教育観を接続することが重要と考えられるため，第三の語り口が最も重要だといえる（秋田・第一日野グループ，2013：p.190）．

では，どのように保幼小をつなぐ授業やカリキュラムをデザインできるだろうか．デザインとは，あらかじめ定められた計画を遂行していくことではなく，子どもの育ちの変化に応じて柔軟に育ちを支えることを意味する．そこで以下では，スタートカリキュラムに着目して保幼小の連携・接続について考えていく．

4.2.1　新学習指導要領にみるスタートカリキュラム

2017（平成29）年3月に公示された新しい小学校学習指導要領の第1章総則では

> 幼児期の終わりまでに育ってほしい姿を踏まえた指導を工夫することにより，幼稚園教育要領等に基づく幼児期の教育を通して育まれた資質・能力を踏まえて教育活動を実施し，児童が主体的に自己を発揮しながら学びに向かうことが可能となるようにすること

とあり，子どもの育ちを幼児期から児童期にスムーズにつなぐためのカリキュラムデザインの工夫が求められている．このようなスタートカリキュラムは，1998（平成20）年の改訂から提案されてきたが，今回の改訂では義務づけられることとなった．

またスタートカリキュラムの中心として，幼児期までに育ってほしい姿を踏ま

えた生活科を中心とする合科的・関連的な指導を行うこととされている．生活科は，1989年の学習指導要領改訂から新しい教科として登場し，1992年から全面実施された．これは低学年の2年間で行われてきたそれまでの社会科と理科を廃止して実施されたが，社会科と理科とも異なる性格を持っている．

具体的な内容として，学校探検，まち探検，植物を育てて観察すること，秋遊び，昔遊びなどがあるが，目の前の子どもを取り巻く環境や実際の生活に合わせて柔軟に単元を設定することが可能となっている．なお「合科的な指導」とは，他教科の内容を生活科の単元に組み込んで行うことであり，「関連的な指導」とは，生活科で学んだ内容を他の教科での学びに生かしたり，他の教科で学んだ内容を生活科で生かすことである．いずれにしても，生活科単独ではなく，他教科とのつながりを意識したスタートカリキュラムのデザインが求められる．

なぜならば生活科での学びは幼児期の生活の延長上に位置しており，その他の教科内容科目とは異なり，特定の内容の習得よりは身の回りのこと，他者や自分自身への「気づき」が中心となっている．言い換えるならば，生活科では子どもを中心にした実践が求められるのであり，学校への入学という公的に定められた段階への移行を，子どもの育ちの連続性の視点から問い直すものともいえる．

一方，このような生活科は，教師の授業観とも深く関わっている．実際，生活科導入が1つの要因となり，生活科の理念そのものが教師に影響しただけでなく，教師の教育観にも深い変化が生じ，自分の教育観をより確固とさせ実践の支えにしていたことが報告されている（岸野・無藤，2006）．

4.2.2 保幼小の連携・接続に向けたスタートカリキュラムづくり

保幼小の連携・接続に向けたスタートカリキュラムづくりでは，保育所や幼稚園などの園と小学校という異文化を接続していくことが必要である．したがって，指導案にも工夫が求められる．

保幼小連携・接続に向けたスタートカリキュラムの一例として，図4.1に幼小の連携・接続に焦点をあてた学習指導案を示す．これは，福島県大玉村立玉井小学校にて行われた幼小連携授業研究会の研究授業の指導案である．大玉村では，おおたま学園構想として，12年間連続した子どもの育ちを保障するため，幼小中一貫教育のカリキュラム開発と整備に注力している．この日の研究授業は，1年生の生活科であり，子どもたちが自分で育てたアサガオの観察から気づきを表現し交流する展開であった．

おおたま学園幼小連携授業

第1学年○組　生活科学習指導案

日時：平成30年7月12日（木）第5校時
場所：1年○組教室　指導者：○○○○

1　単元名　　きれいにさいてね

2　単元の目標
◎ 植物を継続的に栽培して、その変化や成長の様子に気付くとともに、植物に親しみをもち、適切な世話をし、大切にすることができるようにする。

3　単元の観点別評価規準
○ 植物の変化や成長を楽しみにしながら、親しみをもち、進んで世話をしようとしている。
　　　　　　　　　　　　　　　　　　　　　　　　　　　　【関心・意欲・態度】
○ 植物の変化や成長に合わせて、水や肥料など、世話の仕方を考えて適切に関わり、成長の様子や育てる喜びなどを振り返り、それを素直に表現している。　　【思考・表現】
○ 植物も自分と同じように成長していくことや、自分が大切に世話をした植物が成長することの喜び、世話を続けることの楽しさなどに気付いている。　　　　　【気付き】

4　児童の実態と教師の願い
　2年生からアサガオのたねをプレゼントしてもらった経験から、意欲的に栽培活動に取り組む児童が多く見られる。たねをまいてから毎日観察し、継続して世話をすることにより、さまざまな変化に気付き始めている。幼稚園の時の世話の仕方を思い出し考えさせることで、水やりの大切さは理解しているが、記録に残す活動は初めてである。変化や成長の様子を絵や文で表現することのよさに気付かせていきたい。
　児童が、小さなたねを世話することで、芽を出し、成長し、やがてきれいな花を咲かせていく。この過程を観察することで、自然や生命を大切にする気持ちを育んでいきたい。また、これまでの成長に関わってきた自分の存在について改めて考えさせる機会としたい。さらに、1つのたねからたくさんのたねができることを体験させることで、知的好奇心を高め、咲かせた花を利用してできることや、取れたたねをどうするかなどを話し合わせて、活動を広げていきたい。

5　幼稚園までの学びと本単元のつながり
〈幼児期の終わりまでに育ってほしい姿〉　　〈自覚的な学びとして期待する児童の姿〉

| ・自然との関わり・生命尊重 | → | 植物は、生命をもっていることや成長していることに気付く。（知識及び技能の基礎） |
| ・思考力の芽生え
・言葉による伝え合い
・豊かな感性と表現 | → | 植物の育つ場所、変化や成長の様子に関心をもって働きかける。
（思考力・判断力・表現力などの基礎） |

図4.1　幼小連携・接続に向けたスタートカリキュラムの一例－玉井小学校の学習指導案から－①

6 本単元におけるスタートカリキュラムの合科的な指導について
　　生活科の植物の栽培で気付いたことなどを言葉や文章で表現したり、友達と伝え合ったりする学習活動において、国語科の資質・能力「伝えたい事柄や相手に応じて、声の大きさや速さなどを工夫すること」「経験したことや想像したことなどから書くことを見付け、必要な事柄を集めたり確かめたりして、伝えたいことを明確にすること」について指導することで、より効果的にねらいの実現を図る。

7 本時の指導の手立て
　(1) 出会わせ方を工夫して、児童の意欲や主体性を引き出す。
　(2) 児童の姿を丁寧に見取り、働きかけることで活動の充実を図る。
　(3) 表現することを通して、関わる対象への気付きや自分自身のよさに気付かせる。
　(4) 振り返りの時間を設定し、それぞれの気付きを共有し関連付ける。

8 単元の指導計画（総時数 10 時間）
　(1) たねをまこう…2 時間
　　① 栽培する植物を選び、たねや鉢、土などを準備したり、まき方を調べたりする。
　　② 植物の成長への願いをもってたねをまき、せわの仕方を話し合う。
　(2) せわをしよう…2 時間
　　① 発芽の様子を観察し、成長の様子を記録カードに書く。
　　② 植物が倒れそうになったり、つるが絡んだりするなどの問題が起きたら、みんなで解決策を話し合い、実行する。
　(3) せわをつづけよう…3 時間
　　① 成長の喜びや変化を絵や文で表現し、友達や家の人に伝える。（本時 2/2）
　　② 開花した花を美しく残すため、押し花やたたき染めをする。
　(4) たねとりをしよう…3 時間
　　① 集めたたねを観察したり、数を数えたりする。
　　② これまでに書いた記録カードを活用して、まとめの作品をつくり、これまでの栽培活動を振り返る。
　　③ たねの使い方を話し合い、実行する。

9 本時のめあて
　○ 成長の喜びを絵や文で表現するなどして、植物への愛着を深めたり、大切に世話を続けてきたよさに気付いたりすることができる。

図4.1 幼小連携・接続に向けたスタートカリキュラムの一例－玉井小学校の学習指導案から－②

10 学習過程

学習活動	時間	○指導上の留意点　※評価
1　アサガオクイズを楽しむ。 2　本時の学習課題をとらえる 　　㋐　アサガオのようすをいえの 　　　ひとにしらせよう	10	○　アサガオに関するクイズを出し、児童の関心を高める。　　　　　　　　（手立て①） ○　これまでの活動の様子を写真で振り返ることで、自分とアサガオの関わりに目を向けさせる。　　　　　　（手立て④）
3　大きくなったアサガオの様子をどうやって知らせるか考え、自分なりの方法で表現する。 (1)　どんなことを知らせるかを考える。 　　・つるの様子 　　・葉の様子 　　・つぼみの様子 (2)　どうやって知らせるかを考える。 　　・絵 　　・文章（記録） 　　・文章（手紙） 　　・文章（クイズ） (3)　観察して、表現する。	30 (10) (20)	○　学習形態をグループとし、友達と関わりやすくする。 ○　同じ意見の児童のネームカードを貼り、共有化を図る。 ○　葉の数や色、つるの巻きつき方、つぼみの形など視覚的な気付き以外にも目を向けられるよう、手触りやにおいなど五感を使った見方も紹介する。 ○　新たな発見や気付きを促すような言葉かけや問い返しをしながら、詳しく観察する気持ちを高める。　　　　（手立て②） ○　絵を描くときは、各部の特徴を大きく表現できるよう、虫めがねの枠を使った記録用紙に記入させる。 ○　文を書くときは、書き出しを提示することで、どの児童も表現できるようにする。 ※自分なりの方法で知らせたいことを表現することができたか。（記録カード）
4　表現したものを使って、友達と紹介し合う。 5　次時の予告を聞く。	 (5)	○　タブレット型端末を使って記録カードをテレビに映し、見ながら話したり聞いたりできるようにする。 ○　友達の発表を聞くことで、それぞれのよさに気付かせる。　　　　　　　（手立て③）

図 4.1　幼小連携・接続に向けたスタートカリキュラムの一例－玉井小学校の学習指導案から　-③

図 4.1 の学習指導案では,「幼稚園までの学びと本単元のつながり」として,幼児期の終わりまでに育ってほしい姿に対応するよう,自覚的な学びとして期待する児童の姿を想定し記述している.また,「本単元におけるスタートカリキュラムの合科的な指導について」という項目を立て,生活科と他教科とのつながりを明文化している.

この授業研究会には,隣接する幼稚園の教諭だけでなく,中学校の校長も参加し,子どもたち一人一人の成長を各学校段階の教師の目で見取る取り組みがなされている.特に隣接園の教諭からは,園での子どもの姿を想起し,授業で見た子どもの姿のなかに子どもの成長を見取る語りがあった.このように指導案の内容を具体的な子どもの成長と結びつけることが,スタートカリキュラムを実質化していくといえる.

4.3 子どもの視点から授業やカリキュラムを捉える

前節で述べたように,新学習指導要領においてはスタートカリキュラムの義務付けがなされているが,一方で,子どもの視点から,スタートカリキュラムを捉えることも必要である.その具体的な視点として,「学校生活への適応の視点」,「新たな学級の仲間や教師とのかかわりや関係づくりの視点」,「子どもたちが興味をもって取り組むような教科学習の授業デザインの視点」がある.

4.3.1 学校生活への適応

まず,第1の「学校生活への適応の視点」からみていこう.幼児期の教育と小学校教育の円滑な接続の在り方に関する調査研究協力者会議「幼児期の教育と小学校教育の円滑な接続の在り方について(報告)」(2010) では,児童期に子どもたちが学力を身につけていく以前に求められる,幼児期から児童期に向けた3つの自立が提示されている.

> 「学びの自立」…自分にとって興味・関心があり,価値があると感じられる活動を自ら進んで行うとともに,人の話などをよく聞いて,それを参考にして自分の考えを深め,自分の思いや考えなどを適切な方法で表現すること.
> 「生活上の自立」…生活上必要な習慣や技能を身に付けて,身近な人々,社会及び自然と適切にかかわり,自らよりよい生活を創り出していくこと.
> 「精神的な自立」…自分のよさや可能性に気付き,意欲や自信をもつことによ

> って，現在及び将来における自分自身の在り方に夢や希望をもち，前向きに生活していくこと．

　例えば，体操着への着替えは「生活上の自立」といえる．着替え自体は保育所や幼稚園などでも経験してきているが，体操着への着替えは次の体育科の授業への準備という意味合いがあり，子どもたちが次の時間を意識して気持ちを切り替え準備することができるようになることが求められている（吉川・上野・船山，2006）．この意味で体操着への着替えは，小学校に入学した子どもたちにとって，これまでとは異なる学校ではじめて経験する内容となる．

　これは体育科だけでなく，他の教科でも同様である．「子ども自身が学校の生活を，時間割に追われての単なる教科と休み時間の連続ではなく，次の時間への期待をもちながら準備をする休み時間と授業として意味づけたとき，子どもにとっては楽しく興味のある生活になるのではないだろうか」（吉川・上野・船山，2006）と述べられているように，子どもが学校生活をより主体的に過ごすためには，子どもたち自身が気持ちの切り替えができるように授業やカリキュラムをデザインする必要がある．

　また低学年では，教師の発問に対し，勢いよく挙手をするものの，いざ指名されると立ち上がって「なんだっけ…」や「…忘れちゃった」と言って笑顔で座る姿も見られる．これは"教師に指名されたい"，"自分という存在がそこにいることを認めてほしい"という気持ちの現れともいえる．そのため子どもの視点から授業やカリキュラムを考える際には，こうした子どもの気持ちを認め，励ますことで，意欲を高めたり，子どもが自分自身のよさや可能性に気づくことができるような活動をデザインしていくことが求められる．

4.3.2　新たな学級の仲間や教師との関わりや関係づくり

　第2に「新たな学級の仲間や教師との関わりや関係づくりの視点」である．保育所や幼稚園などにおいて，子どもたちは一人で遊んだり，複数人で遊んだり，多様な人と関わりを持ちながら1日を過ごし，集団として活動することも経験する．保育者も子どもの動きに応じて柔軟に対応している．

　一方，小学校においては，基本的に一人の教師と学級集団という組み合わせとなる．学級が機能するためには，学級内での各自の役割を自覚し，学級の仲間として振る舞うことが求められる．すなわち小学校では，個をベースに集団が編成

されるというよりは，座席の隣同士やグループ活動，生活班など学級内でも様々な規模，メンバー構成のなかで，子どもの役割意識や子ども同士の関わりを育てていくことが求められる．

4.3.3 子どもたちが興味をもって取り組むような教科学習の授業づくり

第3に，子どもたちが興味をもって取り組むような教科学習の授業づくりの視点が重要である．遊びは活動自体が目的となるが，学びの場合は活動を通して何かを学ぶことが目的となる．そのため低学年においては，保育所や幼稚園などでの遊びを通した学びから小学校以降の教科学習に興味を持つよう，徐々に移行していくことが求められる．

2005（平成17）年1月に出された中央教育審議会の答申「子どもを取り巻く環境の変化を踏まえた今後の幼児教育の在り方について」において，「協同的な遊び」が提示された．幼児が互いに関わり合うようになると，協同での遊びが行われるようになる．他の幼児と関わり合うなかで，共通の目的を実現することの喜びを味わうことや，思いのすれ違いによる葛藤とその乗り越え，他者を思いやることや，自分自身の感情のコントロールなどを経験し学ぶことになる．このような「協同的な遊び」が，小学校以降の教科学習における「協同的な学び」につながっていく．

例えば，教科学習で協同的な学びを実現していく際には，他者の言葉を聴き合う姿勢が求められる．この点について，あるベテラン教師は次のように語っている．

> 今年1年生やって思ったことなんですけど，型にはめなくても「いい課題」って言ったら変だけど，「いい問いかけ」っていうのをしたり，子どもが，どんなことがわからないのかっていう疑問を出してくれたりするようになる．それで話し方なんかも，「こういう話し方しなくちゃいけないよ」なんて言わなくても，子どもたちが一生懸命自分たちの言いたいことが，何とか伝えようと思って話すようになってきたことが，すごい驚きっていうか，1年生でも相手に伝えようと思ったら，先生が「ちゃんと，それでとかちゃんとつなぐ言葉を言って説明しなさいよ」なんて言わなくても，「ほいでね」「そんでね」とか言いながら一生懸命話そうとする，っていうのがわかってきたのが今年かなあって．

この教師の語りからは，教師が話し方の指導をしなくても，子どもが自ら育んできた力を発揮することで学びに向かうコミュニケーションがとれるようになっ

てくることがわかる．このように，「1年生だから」という枠にはめずに，子どもが学校という新たな環境に適応していくなかで本来持っていた力を発揮できるようにして援助していくことで，子どもたちは教科学習に対しても主体的かつ対話的に学んでいくといえる．

4.4 子どもの学びを捉え共有する－授業研究会での教師の語りから－

　保育所や幼稚園などから小学校へと移行していく過程のなかで，子どもたち一人ひとりの育ちや生活を捉え，遊びを通した学びから小学校での教科学習へとつなげていく際に，校内研修として実施される授業研究会が有益と考えられる．特に授業後の協議会で，子どもの学びの事実を語り合い，子どもたちの成長の可能性について協議するなかで，目指す子どもの姿のイメージが共有されていく（坂本，2013）．それにより，子どもを見取る視点が共有され，その学校での単元や授業づくりの文化的な基盤となっていく．

　この点について，授業研究の授業後協議会における「子どもの学びを見取る」様子から述べる．以下は，ある公立小学校1年生の国語「かぞえうた」の研究授業を参観していた教師による協議会での語りである．

> W教諭：ひょっとして保育園とかでさ，毎日毎日やっとった人もいるかもしれん．毎日カレンダーとか貼ったりするのとかよくやっとることあるじゃん．今日は何月何日ってさ．そういうとこ必ず押さえるからさ．そういうときに，「ついたち」とか，「ふつか」とかさ，そういうのを繰り返し繰り返しやるとさ，そういうの押さえとるとさ．覚わるかもしれんね．

　W教諭は1年生の授業における子どもの学びの事実に基づいて，園での育ちと実践を推察している．"園でこのように指導したはずだから，小学校ではこのようにする"というのではなく，小学校での学びのなかに園での育ちを見通し，そこに教師自身が気づいていくことで，保幼小の連携・接続が教師たちの学びとして成立していく．そして，その気づきを同僚と共に語り合うことで，保幼小を通じて子どもが育っていくことの具体的なイメージが協同で構築されていく．そのため保幼小の連携・接続に向けた実質的な授業改善をもたらすためには，教師たちが時間をかけて子どもの学びの連続性を意識化していくことが重要である．

　またその際の授業研究会のあり方は，年度当初に定められた特定の手法について複数回の授業で実践し検証する仮説検証型ではなく，教師が互いの専門知，実

4.4 子どもの学びを捉え共有する −授業研究会での教師の語りから−

践知としての子どもの学びの可能性を協働して描き共有する協働構築型が求められる（秋田，2007）．なぜなら，保幼小の連携・接続を円滑に行うためには，小学校の教師側に，子どもたちの多面的な能力の成長を見取る視点がより求められてくるからである．そのため子どもの特定の側面に限定して特定の手法による伸びを検証するというよりは，子どもの学びの様子を総体的に捉え，多様な要因が複雑に絡まり合う授業のなかで子どもの成長を多面的に捉えていくことが重要である．言い換えるならば，教科内容の学びだけではなく，授業のなかで他者との関わりや自律性，創造性，コミュニケーションのとり方などの多面的な側面から子どもの資質・能力の発揮と成長を見取ることが必要となる．

この点について，公立小学校で実施された授業研究会で授業後に行われた協議会での発言からみてみよう．この公立小学校では授業のなかでグループやペア活動を取り入れるとともに，教師が正解を提示し導くのではなく，子どもの声を大切にし，子ども同士が関わり聴き合い，学び合い，一人ひとりが深まっていくことを大事にしている．次に示す語りは，小学校1年生の国語—「はるのゆきだるま」—の研究授業においてペア活動を参観していた教師の言葉である．

> M教諭：2人組のとこなんですけど，僕はTさんとOさんのところを見てたんですけど，2人でつなげて話してたんですけど，Oさんが質問したんですけど，Tさんもわからなくて．「どうしよう．わからないね」って．それで終わるのかなって思ったら，「じゃあ，これ，後で全体で聞こう」みたいな「後で聞こう」って言葉が出てたもんで，ああこういうので2人でわからないことは，全体でこうやって質問していくんだなあって．結構全体の場でもそういう質問がすごい多かったなと思いました．

M教諭は，1年生の子ども同士が関わり合う姿をつぶさに捉えて語っているが，この語りには小学校低学年の子どもの学びを捉える3つの重要な視点が含まれている．第1に，子どもたちが学び方を学んでいる点である．「わからない」ということは一見，ネガティブな様子に捉えられる．しかし「わからない」ことを子どもたちがあきらめずに追究しようとしていることと，クラス全体に問いかけることが自然と生じている．このように，子どもの学びを個で切り離さずに，関わり合い聴き合う関係を育んでいくことが，学び上手なアクティブラーナーに子どもを育てていくことにつながる．

第2に，子どもを将来のアクティブラーナー（能動的・協働的な学習者）に育

ていこうとする視点を教師が持つことである．授業内にペア活動を導入すると，子ども一人一人の様子は丁寧に見ることが難しくなる．しかし子どもが上手に学ぼうとしている姿を教師が認識し，学びのイメージを描くことで，授業内でペア活動を行う意義が変わってくる．例えば上記の事例においては，ペア活動の時間を長くするよりも，適度にクラス全体での活動に切り替え，その後またペア活動を行うというように，学びのスタイルを多層的に展開することが低学年の子どもたちにとって学びやすい環境になるのかもしれない．

　第3に，協議会において子どもの姿を語り合うことの重要性である．

> 司会：今2人組のところが出てますけど，その辺の活動の様子で気づかれたこと，感じたことがあれば．
> B教諭：私もM先生と一緒で，TさんとOさんを見ていたんですけど，Oさんが「どこに響いたのかわからないんだけど」って言ったら，Tさんが，「みんなのとこへ来たと思うよ」って答えていたり，あと，Tさんが「うーん，ちょっとわかんないな」というところも一緒に考えていたり，Tさんが言ったことにOさんが，「あー，そうかあ」っていうふうに気づいたところもあって，2人組で本当に学び合いをしているなっていうことが感じられました．
> Y教諭：右側の真ん中あたりのSさん，M君，R君のところを見てました．M君が「ああ僕もそう思った」とかって言ってるのを聞いて，ああ友だちの意見もちゃんと聞いて，自分が「僕もそう思った」って言ってもらえると，多分周りの子たちも嬉しかっただろうなって思って，3人で話せてるなってことと，Rさんがなかなか言えない子なので，「Rはどう思うの」って，ちゃんとR君にも振ってる様子が見えて，ああ1年生でもこうしてしっかりC先生（授業者）がご指導されて，やれるように訓練されてるんだなあと思いました．

　M教諭からの発言に重ねて，別の教師（B教諭）が同じ2人組のペアについて語っている．「わからない」ということの共有だけでなく，子ども同士が気づき，学び合う様子が観察事実をもとに様々な教師によって丁寧に語られることで，子どもの学びの様子が重層的に捉えられ，1年生同士の学び合いのイメージをつくることにつながっていく．そのため研究授業後の協議会が観察事実の報告会になるのではなく，同じ事実を見ていたとしても，個々の教師によって子どもの学びの捉えが異なることを理解したうえで互いの捉え方の交流を重ねることができる会になるかが重要であり，この事例の教員間においては子どもの学びの見取りをお互いに育み合おうとする協議会の文化が構築されているといえる．

4.4 子どもの学びを捉え共有する－授業研究会での教師の語りから－

　さらに，続くY教諭の発言からは，別の3人組の子どもや発言を聴いている子どもの内面の情動も含めて語られていると同時に，教師と子どもの関わりの背景を読み解こうとする志向も見受けられる．このように子どもの情動に関わる経験を読み解きながら子どもの学びを捉えていくことで，総体的に子どもの学びを捉える視点の形成につながっていく．

　このように子どもが知識を理解していく過程を捉える際に，同時にその子どもの内面にある感情の動きを共感的に捉えていくことが「子どもの学びを総体的かつ具体的に捉えていくこと」であり，低学年指導において求められている．いわば，アクティブラーナーとしての教師の姿勢である．これが授業のなかで子どもの学びの事実を見取り，そこから長期的な子どもの育ちを見通していく教師の力量であり，授業のデザインにも大きな影響を与える．その際，以下に示すように，研究授業後の協議会において，具体的な子どもの学びの事実を語り合うなかで，その子どもの社会文化的な背景も語られることで，より多面的に子どもの学びを捉えることが可能になる．

A教諭：私は左側の前から3番目と4番目のKさんとDさんのペアの様子を見ていました．Dさんから「駆け巡るという言葉がよくわからない」ということで，そのあとKさんが，絵を使ったり，それから前の段落に戻ったりしながら，駆け巡るっていう言葉の意味を教えていました．そのせいか，クラスの全体での話し合いで，駆け巡るっていう言葉が出たときに，語ってない子は手を挙げてというところで，手を挙げていました．残念ながら語りはしなかったんですけど，手を挙げていました．それから，Kさんは全体で話すときには，なんか照れてしまって，言いたいことも忘れてしまったりということがよくあったんだけれども，ペアのときは，本当によく楽しそうにしゃべっていました．

S教諭：つなげていいますと，そのKさんはブラジルの子でして，母語の勉強のとき，見に行きますけど，よくしゃべれます．ポルトガル語も．今回日本語どうかなって思ったんですけど，まあ発表はできなかった，なかなかできなかったんですけど，2人の話し合いではしゃべっていたので，ああ日本語もまあなんとか話せるかなあっていう感じで，見ていました．

　以上，本章では保幼小の連携・接続に関し，子どもの学びや育ちの連続性を保障するための低学年の授業やカリキュラムのデザインについて教師が持つべき視点を述べてきた．「まだ1年生だから○○できない」と捉えるのではなく，子ども

たちの内側で育まれてきた有能さを丁寧に見取り，多様な発達の道筋を見通し，同僚教師，保育所，幼稚園と子どもの学びや育ちを中心として語り合い，対話し，協働していくことが，これからの低学年の学びや育ちを根底で支えることになるだろう．低学年の子どもから学び続ける教師が，今後求められる．

文　　献

秋田喜代美：授業検討会談話と教師の学習，In 秋田喜代美，キャサリン＝ルイス編著：授業の研究 教師の学習―レッスンスタディへのいざない，p.114-131，明石書店，2007

秋田喜代美，第一日野グループ編著：保幼小連携―育ちあうコミュニティづくりの挑戦，ぎょうせい，2013

ベネッセ教育総合研究所：幼児期から小学生の家庭教育調査・縦断調査，2017．https://berd.benesse.jp/jisedai/research/detail1.php?id=3684（最終アクセス日：2018 年 12 月 7 日）

中央教育審議会：子どもを取り巻く環境の変化を踏まえた今後の幼児教育の在り方について，2005．http://www.mext.go.jp/b_menu/shingi/chukyo/chukyo0/toushin/05013102.htm（最終アクセス日：2018 年 12 月 7 日）

福元真由美：幼小接続カリキュラムの動向と課題―教育政策における 2 つのアプローチ，教育学研究，**81**：396-407，2014

岸野麻衣，無藤隆：教師としての専門性の向上における転機―生活科の導入に関わった教師による体験の意味づけ，発達心理学研究，**17**：207-218，2006

文部科学省：小学校学習指導要領（平成 29 年 3 月告示），2017

坂本篤史：教師の協同的な省察を通した学習過程―小学校における授業研究事後協議会の検討，風間書房，2013

東京学芸大学：平成 19～21 年度 小 1 プロブレム 研究推進プロジェクト報告書，2010

吉川はる奈，上野彩，船山徳子：小学校 1 年生の学校適応過程に関する研究―幼稚園から小学校の移行をめぐる問題への考察，埼玉大学紀要教育学部（教育科学），**55**(2)：41-50，2006

幼児期の教育と小学校教育の円滑な接続の在り方に関する調査研究協力者会議：幼児期の教育と小学校教育の円滑な接続の在り方について（報告），文部科学省，2010．http://www.mext.go.jp/component/b_menu/shingi/toushin/__icsFiles/afieldfile/2011/11/22/1298955_1_1.pdf（最終アクセス日：2018 年 12 月 7 日）

第5章　小学校中・高学年からみた保幼小の連携・接続

5.1　保育所・幼稚園・認定こども園と小学校の接続

　保育所・幼稚園・認定こども園と小学校との接続に向けた取り組みの1つに，小学校入学前に子どもの様子について引き継ぎを行うための連絡会がある．この連絡会では，各園の保育者から子どもの育ちや家庭での養育，集団での活動での様子などについて具体的に語られる．そしてこの引き継ぎの連絡会を受けて，小学校では現1年生の担任が，どのようにクラスを編成するかについて知恵を絞る．その際，①誕生日（月齢）の偏りがないようにする，②居住地域の偏りがないようにする，③出身園の偏りがないようにする，④男女を適切な人数で配置する，といった点に注意を払っている．

　さらに近年では，特別支援学校や特別支援学級に在籍している児童と，通級による指導を受けている児童の双方が増加している現状がある．また通常の学級にも学習障害（LD），注意欠陥多動性障害（ADHD），高機能自閉症などの可能性があり，学習や生活の面で特別な教育的支援を必要とする児童が在籍していることもある（詳細は6章を参照）．

　そのため小学校1年生のクラス編成を検討するにあたっては，先述した4点に加えて，特別な配慮を要する児童をどのように配置するかも重要な問題である．同時に，具体的な手立ても必要である．例えば環境の変化を特に苦手とする子どもに対しては，入学式前に保護者に連絡し，教室とその子どもの座席，入学式を行う体育館の確認，まだ公表になっていない担任とのさり気ない関わりのひとときの確保などを行い，小学校や入学式の雰囲気を事前に知らせ，入学式の当日にパニックを起こさないように準備する．

　一方，第1章で述べられている「小1プロブレム」の様相（先生の話を聞こうとしない，授業中に座っていることができない，みんなと一緒に行動ができない）がみられる児童については，保護者の理解も得て専門機関の検査や専門家による観察を行う．ただしこれまでの筆者の長年にわたる教員としての経験の中では，

通常学級での学びは困難とされながらも保護者の強い希望で通常学級での学びを続けていた児童が，教師による指導の過程で徐々に自己肯定観を高め，見事に集団の一員として輝く高学年児童へと成長していく姿も目の当たりにしてきた．そのため幼児期の遊びを通した育ちを大切にし，それを小学校低学年での学びにつなげ，さらに小学校中・高学年での成長へとつなげていく実践が重要といえる．

なお，この他にも貧困や暴力，ネグレクトを受けながらも学校に通ってくる児童もいる．こうした多様な児童を受け入れ，1つのクラスを編成し，小学校での生活や学びを進めていくには，まず学級担任が一人で抱えないことを基本とする必要がある．そして学年，特別支援コーディネーター，カウンセラー，養護教諭，管理職，そして支援員がチームを組んで，子ども家庭支援センター，児童相談所，教育委員会，医師とも連携して対応することが求められている．

5.2 生活科を中心とした「スタートプログラム」の現状

保育所や幼稚園などにおける幼児期の教育において大切に育まれてきた，人を信頼する心，協調性，情緒の安定，コミュニケーション能力は，現在どのように小学校での学びに引き継がれているのだろうか．このことについて，国立教育政策研究所の平成28年度教育課程研究指定校事業として行われた横浜市立笠間小学校の研究内容（横浜市立笠間小学校，2017）から考えてみよう．文部科学省が目指している保幼小連携において，教科の学習の基礎となる人間関係を築くなどの社会的スキルは，生活科を中心とした「スタートカリキュラム」の活動の中に位置付けられており，横浜市立笠間小学校においてもその研究紀要に「スタートカリキュラムで大切にしていること」がまとめられている（表5.1）．

表5.1に示されている4つの観点は重要である．なかでも安心感，体験を中心とした学習，人間関係の確立，集団の中での自己発揮は横浜市が独自に開発した「子どもの社会的スキル横浜プログラム」[注1]に則って行われている．そのプログラムの中で「生活科や総合的な学習の時間に行っている遊び（表5.2）」のなかに，幼稚園や保育所で遊び親しんできた，わらべうたや手遊びが入っていることに注

表5.1　スタートカリキュラムで大切にしていること（要約）

(1) 子どもが学校生活に対して安心感を持つことができるようにすること．
(2) 体験を中心とした学習．生活科を中核とした合科的・関連的な学習を構成していくこと．
(3) 新しい集団の中での人間関係を徐々に築いていけるようにすること．
(4) 新しい集団のルールを受け入れ，その中で自己発揮できるようにすること．

表 5.2 生活科や総合的な学習の時間に行っている遊び（一部抜粋）

絵本の読み聞かせ，エプロンシアター，身体表現を伴った歌・遊び（じゃんけん列車，王様じゃんけん，なべなべ，おちゃらか，かごめかごめなどわらべ歌等），先生とタッチ，次の友達にタッチ，なぞなぞ，手拍子チームワーク，くっつきむし，挨拶ゲーム，手遊び，歌であそぼう，リズムで遊ぼう，サイコロ，ペアトーク，フープ送りリレー，体育の学習として簡単なルールのおにごっこ（手つなぎ鬼等）

目したい．なかでも，わらべうたは音楽科で共通教材として取り上げられていることから，わらべうたを通して乳幼児期から児童期にかけての育ちと学びの連続性を考えてみたい．

5.3 わらべうたに内在する力と就学前期における音楽遊びの現状

　平成 29 年 3 月告示の幼稚園教育要項の前文では，「これからの幼稚園には，学校教育の始まりとして，こうした教育の目的及び目標の達成を目指しつつ，一人一人の幼児が，将来，自分のよさや可能性を認識するとともに，あらゆる他者を価値のある存在として尊重し，多様な人々と協働しながら様々な社会的変化を乗り越え，豊かな人生を切り拓き，持続可能な社会の創り手となることができるようにするための基礎を培うことが求められる」と述べられている．さらに前文の最後は「小学校以降の教育や生涯にわたる学習とのつながりを見通しながら，幼児の自発的な活動としての遊びを通しての総合的な指導をする際に広く活用されるものになることを期待して，ここに幼稚園教育要項を定める」と締めくくられている．

　この文言からは，幼児期に遊びを通して，人を信頼する心，情緒の安定，協調性，コミュニケーション能力など，人として生きていくうえでのベースとなる資質・能力（＝非認知能力）を育むことが重要であることがわかる．そこで，人をつなぐ歌遊びであるわらべうたに内在する力を活用したい．

　この点に関連して，赤坂（2018）は，都内某区の公立保育所保育士へのアンケート調査を行い，その結果を図 5.1，図 5.2 のようにまとめている．

　この 2 つの図から，幼児期においては音楽活動の技能や小学校音楽科の先取り学習ではなく，わらべうたを通して楽しさや心地よさを十分に味わい，人間としての基盤となる情緒の安定を図ることが重要であると考えていることが読み取れる．また，表 5.3 は同アンケートの中で保育士が「わらべうたが大切と考える理由」として語った言葉である．

図 5.1 保育所での音楽活動において，重要だと思うもの（赤坂，2018）

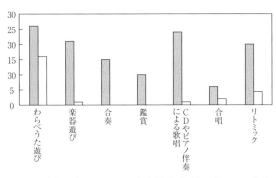

図 5.2 実際に行われている音楽活動（灰色の棒グラフ）と実際に行いたい音楽活動（白色の棒グラフ）の差（赤坂，2018）

表 5.3 保育士が考えるわらべうたが大切と考える理由（赤坂，2018 より一部抜粋）

・大人との信頼関係がつくれる ・心地よさ，安心感から絆が深まる ・親子でなくても信頼関係を結ぶのにとても有効 ・子供たちはわらべうたがとても好きで，空間が落ち着く ・遊びの中で相手と関わることができる	・コミュニケーション能力や表現能力を高める ・対人関係を築くのが苦手な子も参加できる場合がある ・簡単な数え方や名称，言葉を学ぶことができる ・人を心地よくさせたり，発散させたりする力がある

5.4 音楽科の学びがつなぐ保幼小の連携

2017（平成 29）年 3 月告示の幼稚園教育要領・保育所保育指針では，領域「環境」に以下の一文が新たに加えられた．

(4) 文化や伝統に親しむ際には，正月や節句など我が国の伝統的な行事，国歌，唱歌，わらべうたや我が国の伝統的な遊びに親しんだり，異なる文化に触れる活動に親しんだりすることを通じて，社会とのつながりの意識や国際理解の意識の芽生えなどが養われるようにすること．

中央教育審議会答申の基本方針（平成 28 年 12 月）では，社会に開かれた教育課程の作成や，各学校におけるカリキュラムマネジメントの推進が基本方針として示され，それを受けて，小学校学習指導要領音楽科では「生活や社会の中の音や音楽と豊かに関わる資質・能力を育成すること」が音楽科教育の目標として示された．変化の大きい時代を生きていく子どもたちが，真に生きる力を身に付け

ていくためである．そこで就学前（保育所・幼稚園・こども園）に用いられているわらべうたなどが小学校低学年の授業でどうつながり，いきてくるのか，そして低学年の授業がどのように中・高学年の授業につながるのかについて述べる．

5.4.1 低学年での実践

人をつなぐ歌遊びであるわらべうたを，生活の中の遊びなどとも関連させながら音楽科で取り上げることで，協働性，思考力，言葉による伝え合い，豊かな感性と表現力など，人として生きていくうえでのベースとなる社会性や，日本語の言語を生かした音楽性の基礎が育まれる．低学年では，わらべうたでたくさん遊び，それを音楽の授業につなげていくことが大切である．その際，必要以上に大きな声を張り上げて歌うのではなく，遊ぶときの自然な声を生かした歌唱活動を歌唱指導の中心に据えていきたい．

日本語を母国語とする日本の子どもたちが，小学校に入ったらまずハ長調の長音階をきれいな声で歌うのではなく，生活の中で歌い親しんできたわらべうたを歌う際の「一人一人の子どもがもって生まれた世界に一つだけの宝物の声」を大切にしながら長音階の曲も含め，曲想にあった歌声を自ら工夫していけるよう導いていきたい．また，日本の伝統的歌唱に取り組むときは，和楽器での伴奏が望ましい．一面の箏さえ準備できれば音楽を専門としない学級担任でも平易に演奏ができるためぜひチャレンジしたい．

1) 授業の概要

日頃歌い遊んでいるわらべうたを，箏の伴奏にのって楽しく歌う．その活動を通して，拍を意識し，速さ，歌い方，声の色などを工夫し，わらべうたに満載の「呼びかけとこたえ」「反復」「変化」などの音楽の仕組みを意識化し，音楽科の学びにつなげていく．

2) 身につく力

ア　曲想にあった歌い方や音楽の仕組みを生かして表現する力．
イ　箏の音色や，日本の生活や文化の中で生まれた日本の音階に親しむ．
ウ　自分の歌声に気を付けて歌う技能，伴奏を聴いて，拍にのって歌う技能．

小学校学習指導要領音楽科では，各領域の指導事項としては，ア「思考力・判断力・表現力等」，イ「知識」，ウ「技能」に関わる内容が示されている．

3) 和楽器の扱いについて

箏を一面準備する．調弦は図5.3の通り．「レ」と「ソ」のみ柱を立てても実施

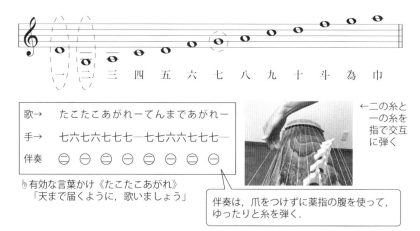

図 5.3 和楽器による実践例（箏）

可能．ゆとりがあれば，七の糸から歌いながら旋律にも挑戦する．

「♪あがれ～……」のあと，先生の目線と指先を空に向けながら「高く昇っていくよ……あっ！　見えなくなっちゃった」と，子どもたちの意識を持続させ，箏の音の余韻に自然に気付くようにする．空に昇っていくたこを見ている間，音の余韻が教室を包み，子どもの音への感性を育てる．

4)　授業の実際について

遊び歌っているわらべうたを，箏の伴奏にのって歌うことで，わらべうたに内在する音楽の構造に気付き，意識化して，曲想を生かした表現を工夫する．

《大波小波》や《あんたがたどこさ》で遊びながら，子どもたちは，強弱，速さ，音色（声色）などを自然に工夫していく．それらを授業の中で意識化していくことが大切である．教室の机を寄せて広いスペースをつくり，関わり合いながら遊び歌い，授業の後半は箏のまわりに子どもたちを集めて，箏の伴奏にのって歌う．

5.4.2　中学年での実践

小学校中学年になると，自己主張が強くなるとともに，友達との集団行動も多くみられるようになる．ギャングエイジといわれる時代である．幼児期・小学校低学年の時期に培われた人を信頼する心，協働性，思考力，言葉による伝え合い，豊かな感性と表現力などを基盤として，友達との関わりの中でさらなる成長が期

待できる．主体的な学びや遊びを通して友だちに認められる体験を多く持てるような学習活動を展開していきたい．

音楽の授業においては，ハ長調の楽譜の読譜や技能を要するリコーダーの学習が始まり，音の重なりの学習も始まったりするなど，この頃から音楽の授業に対する苦手意識を持ち始める児童もいる．低学年で，幼児期に遊び親しんだわらべうたを中心に据えた授業をベースにしたように，中学年においても，幼児期から続いている日本語の言語や生活を基盤とした音楽を大切に扱っていきたい．

小学校学習指導要領にも明記されているように，中学年では「児童がいろいろな楽器を演奏することに挑戦したい」「歌うことが好き・楽しい」と思える授業内容と展開を工夫し，意欲を持って主体的に友達と関わりながら学びを深めるようにしたい．その際，曲の特徴をとらえた表現を工夫したり，思いや意図に合った表現で演奏する楽しさを味わわせるように指導を工夫することが大切である．

1）自国の言語と文化を基盤として育ってきている児童の声

「話す声」と「歌う声」を区別して，もっぱら頭声的な発声で歌うことをよしとしていた時代は過ぎ，現在の中学年の歌唱指導においては「曲の特徴を捉えた表現を工夫し，どのように歌うかについての思いや意図をもつこと」「思いや意図に合った表現をするために必要な呼吸及び発音の仕方に気を付けて，自然で無理のない歌い方で歌う技能を身に付ける」ことが重視されている．つまり，曲によって歌い方が変わるということである．

ここで，「話す声で歌うこと」が，どのように「音楽科として人間的成長と音楽的成長につながる」のかについて，簡単に述べる．以下は，5年生の女児が，頭声で歌っている声，民謡を歌っている声のスペクトルである（図5.4，図5.5）．

3 kHzから4 kHzの振幅を比較すると，明らかに民謡を歌っている声の倍音が豊かに響いていることがわかる．この3 kHzから4 kHzの振幅を singing formant[注2] と呼び，響く歌声の指標とされている．図の中にも記したように，民謡を歌う声は，singing formantのみならず，低次から高次までどの倍音も際立っており，日本の子どもが民謡を歌う声は，豊かな響きをもった歌声といえる．

また，以下のスペクトルは，同じ児童が普通に話す声と怒鳴って声を張り上げて発した声のスペクトルである（図5.6，図5.7）．

まず，図5.7の話す声と図5.5の民謡を歌う声のスペクトルの包絡[注3] が共通していることから，民謡を歌う響きのある歌声は，日本語を話す声の延長線上にあることが読み取れる．そして，もう一つ大事なことは，怒鳴り声では，咽喉頭部

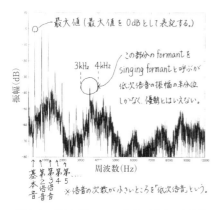

図 5.4　頭声で歌っている声（山内, 2009）

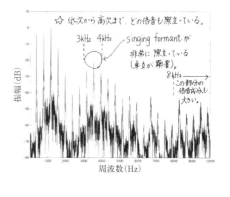

図 5.5　民謡を話す声で歌っている声（山内, 2009）

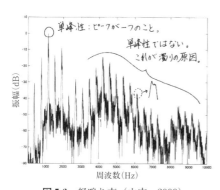

図 5.6　怒鳴り声（山内, 2009）

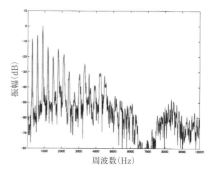

図 5.7　普通の話し声（山内, 2009）

に過度のストレスがかけられることにより, 発声すべき音高が一定とならずに「ブレ」を生じるため, 単包性が崩れており, 歌声とはいえない.

2) 中学年の民謡の導入に最適－富山県民謡《こきりこ節》

①民謡指導の基本的な考え方

民謡はそれぞれの地域の生活の中から生まれた歌で, 日本語を話す声が基盤となっている. もちろん, それぞれの地域の生活をベースとした歌であるが, 生活習慣もすっかり変わった現代にあっては, その民謡が生まれた背景を理解し曲想を工夫しながら歌うことが大切である. その民謡が生まれた土地にとっての宝物

であるとともに，日本の宝物の歌として歌い継いでいきたい．日本音楽独特の「間(ま)」の感覚を大切にしながら，独特の節回しを感じつつ，一人一人の児童生徒が生まれ持った声で，のびやかに歌うことを基本として実践することが大切である．

実践にあたっては，以下にこだわっていきたい．

1　安心して歌える学級の雰囲気づくりがベース．
2　一人一人が生まれもった声を大切にして歌う．
3　五線譜を用いず，お手本とする歌を歌詞譜（後述）に表して掲示する．
4　リラックスして，口三味線や手拍子にのって，歌いやすい音程で歌う．
5　三味線が一挺でもあれば，三味線の表現の授業と並行する形で，三味線の簡易伴奏にのって歌う．
6　題材の終わりには，一節でも独唱できるようにする．

---

②《こきりこ節》について

《こきりこ節》は日本で最も古い民謡といわれ，国の選択無形民俗文化財に選定されている．民謡は一般的に口伝(くでん)で，伝承の過程で多様な歌詞や旋律に変化していくものであるが，富山県南砺(なんと)市の五箇山(ごかやま)地方に伝わるこの《こきりこ節》は，保存会があることで歌い方も一定の形が示されている．山地に自生する竹が合掌造りの天井に用いられ，長い年月の間に囲炉裏の煙でいぶされて乾燥し，響きのよい音を出すいぶし燻竹(いぶしたけ)となったものを五箇山の人々が楽器として活かしたものが「こきりこ」である．この民謡の由来には諸説があるが，富山県五箇山地方の人々が身近にある鍬(くわ)や手製の楽器を鳴らしながら五穀豊穣を祈って歌い踊った歌であると伝えられている．

和楽器を用いた《こきりこ節》の合唱奏は，中学年の教材として無理なく取り組むことができる．地域の演奏会や校内音楽会用の演目としても，短時間で学級や学年での合唱奏曲として仕上げることができ，達成感が得られる．

③指導法

授業で子どもに聴かせる音源を決めたら，何度も繰り返し教師が聴いて歌詞譜を作成する（図5.8）．この歌詞譜が完成する時点で，教師も歌えるようになっている．音源選びが重要であるが，あまり特殊な演奏でないもの，児童の声域でいっしょに歌えるもの，教師自身が魅力を感じる演奏であることなどを基準として選びたい．今の時代はYouTubeで様々な演奏が配信されている．

第5章 小学校中・高学年からみた保幼小の連携・接続

図 5.8 「こきりこ節」の歌詞譜（左）と指導の様子（右）

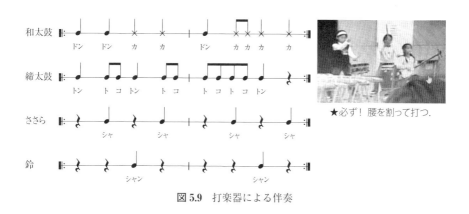

図 5.9 打楽器による伴奏

　歌詞譜中のカタカナの母音は，一つ一つのシラブルの子音の後に付く母音で「産字（うみじ）」といわれる．日本の伝統的歌唱の大切な特徴の一つである．この母音を強調して歌うことで，声に響きが増し，民謡らしさも生まれる．
　歌詞譜を黒板に貼り，歌詞譜を見ながら一度手本の音源を聴く．2回目には音源といっしょに歌ってみる．もう一度歌って，いっぱい褒めて…「CDなしでも歌えるかな？」と，教師も一緒に歌ってリードしながら，口三味線と手拍子にのって歌う．「みんなすごいね!!」と基本的に褒めて進めることがポイントである．旋律が歌えるようになったら，「デデレコデン」の反復を重ねると心地よい二部合唱になる．
　④打楽器伴奏を加えてステージへ
　もともと，鍬やすきなど，生活の中で身の回りにあるものを打ち鳴らして歌い

踊った《こきりこ節》では，音楽室にある打楽器や，子どもたちが見つけてきた音素材を用いて，リズム伴奏を工夫する授業展開も意欲的な姿を生み出す．

三味線を一挺，箏一面用意できれば，さらに深まる（図5.10）．三味線は本調子に調弦し，シャンシャンウンシャンと3本同時に打つだけでよい．

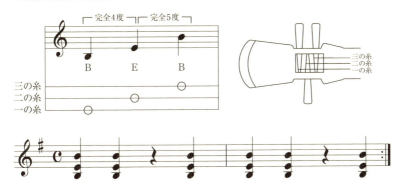

図 5.10　和楽器による実践例（箏と三味線）

5.4.3 高学年での実践

　幼児期の遊びを通して培われた資質・能力が，教科指導の中で自己肯定感を伴いながらさらに育まれ高学年で花開くことを，長い教師生活の中でどれほど経験してきたことだろうか．ここでは，筆者が音楽科教育の中で，母国語を基盤とした音楽活動を中心に据えた実践をしたとき，困難を抱えた児童を含めどの子にも音楽的成長と人間的成長が得られ，さらに集団としても見違えるほどの変容がみられた経験について述べる．

1) 能の謡の実践の概要

　日本に生まれ育った子どもが義務教育を終え社会に出るとき，日本古来の歌の一つぐらいはいつでもどこでも胸を張って歌えるようにしたい，和楽器の一つぐらいは曲がりなりにも演奏できるようにしたい，という筆者の一教師としての熱い想いから発した授業実践を紹介する．

ゲストティーチャーによる指導の実際[注3]

1時：能と狂言の実演を通して，能の魅力を感じ取り，興味を持てるようにする．

2時：担任教師との能風問答により，能の語りに親しむ．
　　　1学級ずつ，能舞台を仮定したエリアに正座し，謡(うたい)の稽古を行う．

その後の展開（7～11月）

- 音楽授業3時間を使って，稽古した謡を自信を持って唄えるようにする．
- 夏休みの宿題で，能について体験や調べ学習を行い，レポートを提出する．
- 9，10月は，各学級で朝の会または帰りの会で1日1回，お腹から声を出して謡を唄う．
- 11月の校内音楽会で，美術教師が描いた松羽目(まつばめ)を背景に，体育館に舞台で各学級の謡を披露する．

2) 児童と学級の変容

　能の授業実践前の児童・学級は困難を多く抱えていた．これは「小1プロブレム」よりはるかに深刻な状況で，不登校児童ばかりでなく担任教師も心を病むに至っていた．斜に構え「歌なんて面倒～」というオーラを放つ女児たちと，あまりにも幼い男児たちと，消え入りそうに影の薄い女児を前に，当初愕然としたことを覚えている．それが，謡の実践が進むうちに，心を開いて当たり前のようにお腹から声を出して「♪高砂や～！　この浦舟に帆を上げて～～‼」と生き生きと学級が一つになって歌い上げる姿がみられるようになった．11月には一人ずつ歌

5.4 音楽科の学びがつなぐ保幼小の連携

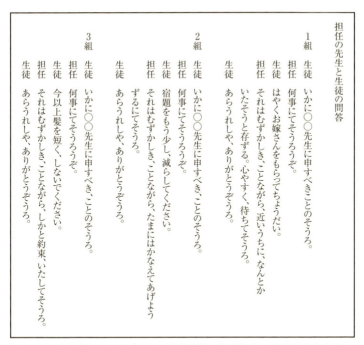

図 5.11 担任教師と子どもたちの能風問答（国語教師の梅野幸吉氏作成）

うことを課したが，全員が各自が生まれもった世界で一つだけの宝物の声を響かせて朗々と歌い上げ，かつていじめのターゲットとされていた女児が歌うときも，全員が扇で拍子を取りながら応援する姿がみられ筆者は感動した．12月に行った合唱奏の授業では，斜に構えていた女児たちが，「私ボーカルやりたい♥」と手をあげ，希望者多数のためリレー唱をしたところ，それぞれが自分の声に自信を持って独唱する姿がみられ，筆者は心からの喜びを感じた．

翌年，この小学校には児童の強い希望から合唱部が生まれ，NHK 全国学校音楽コンクールや TBS こども音楽コンクールで，東京都代表として和楽器伴奏の歌声を電波に乗せるまでに成長した．日本語を話す子どもならどの子も自信を持って生き生きと表現できる日本の伝統的な歌唱の取り組みが，自己肯定感や自尊感情の育成にもプラスの力となって働き，子どもを，そして集団を音楽的にも人間的にも大きく育てる．これは，まさに幼児期の遊びを通して培われた学びの基礎力の上に立った教科指導であると考える．

5.5 小学校低・中・高学年につながる就学前の音楽遊びの留意点

「小学校1年生の児童は，真っ白い吸い取り紙のようだ！」と，ともに音楽表現をしながら驚きと感動を覚えた新卒の頃の体験が忘れられない．教師の投げかけをまっすぐに受けとめ，何色にでも染まっていくからである．

小学校の音楽科では曲想を感じ取り，その曲にふさわしい音楽表現を工夫していくことが重視されている．1年生に入学したての頃，どんな歌でも大声を張り上げて歌っていた子どもたちは，1学期も終わる頃には，やさしい歌声，明るい歌声，元気な歌声，さびしそうな歌声と，曲想に応じた歌い方を自ら工夫するようになる．では，こうした小学校の音楽科の授業の前段階ともいえる幼児期の音楽遊びはどのように工夫すればよいのだろうか．

倉科（2008：33-34）では，「幼児が歌唱に使用できる声域として個人差はあるものの，3歳児で1点ホ〜1点イ，4歳児で1点ニ〜1点イ，5歳児で1点ニ〜1点ロ，6歳児で1点ニ〜1点ハと言われている」であり，ピアノ伴奏にとらわれず，アカペラで子どもの声に合った声域で歌わせたいとしている．一方，志民・今川（2003）では，幼児が遊びの中で歌っている歌を約2年にわたるフィールドワークを通して録音・分析した結果，広い声域を持ち，地声のまま2点ト音まで歌っている声も記録している．結論として，志民・今川（2003：563）は，「『歌うこと』を含め声を出すということは，そういった心理的な状態と『からだ』との関わりを捨象して考えることはできない．（中略）声の機能が十分に発揮されるには，そのための心理的状況が整わなければならないのである」と述べている．

保育の場面では，季節の歌や行事の歌，また流行の歌などをCDやピアノ伴奏に合わせて「大きな声で歌いましょう」と保育者に誘われて歌ったとき，必要以上に大きな声で，声を張り上げて歌う傾向がみられる．しかし，遊びの中で心も体も自然に歌に向いたとき，幼児は実に自然で豊かな歌唱表現を行っているといえる．保育者は何か意図的に幼児の歌声をつくったり，ただ大声で歌わせるのではなく，遊びの中で，心と体が一体的に歌に向かうように，子どもたちに歌遊びなどの音楽活動を展開していくことが大切である．

本章では，小学校中・高学年と，日本語を話すことを基盤とした音楽活動によって成長した子どもたちの姿を述べた．それは，日本語で考え，日本語で他者と関わり，日本語による遊びを通して成長の基盤を確かに培い，可能性を広げてき

図 5.12　音楽科での学びの流れ

た子どもたちの適切な保幼小の連携・接続の姿であると考える．

　筆者は，子どもが見通しを持って，主体的に音楽と向かい合い，関わりの中で学びを深めていく授業を，図 5.12 のように考えている．

　素敵な歌声，メロディ，ハーモニー，リズムと児童の思いが音楽となって満ちあふれる音楽室の中で，気が付いたら知識・技能・思考力・判断力・表現力が身に付き，音楽的にも人間的にも成長していたといえるような授業を実現したいものである．これが幼児自ら遊びに関わり成長していく幼児期の育ちに連続して生起する小学校音楽科での学びと考える．

注

1) 梅野幸吉：喜多流能楽師香川清嗣氏に師事．実践当時，府中第六中学校教諭．教科は国語科．趣味で能楽をたしなんでいた．授業の細かいコーディネイトと教材作成，筆者への謡の稽古を担当した．このプログラムは梅野氏の存在があって実現した実践である．
2) singing formant について，中山・小林（1996）を引用しながら，説明を加える．singing formant とは，（母音）を洋楽的唱法（Western opera and concert singing）で歌唱する男声の 3 kHz 付近において観察される顕著なホルマントのピークであり，「よく響く声」の評価指標として歌声の解説書でもいわば「定説」として述べられている．ただし，このピークは邦楽のすべてのジャンルでも，また女声の場合も約 4 kHz 付近に同様に観察されており，必ずしも洋楽的唱法による男声のみに生ずるものではないと考えられる．
3) 包絡とは，スペクトルの倍音成分のピーク点を結んだものである．

文　献

赤坂結里：幼児教育と保育における音楽活動についての一考察―保幼小連携の視点から―，上野学園大学卒業論文，2018
厚生労働省：保育所保育指針，2018
倉科深陽：幼児の音楽教育における歌唱研究―現場で歌われている幼児の歌の調査と考察（1993 年～2008 年），文化女子大学長野専門学校研究紀要，創刊号，2009
文部科学省：幼稚園教育要領，2018
文部科学省：小学校学習指導要領（平成 29 年告示）解説　音楽，2018

中山一郎，小林範子：歌の声―声質の魅力と問題点，日本音響学会誌，**52**(5), 1996
志民一成，今川恭子：子どもの声と音楽的表現（2）声及び声域をめぐる議論の再検討，日本保育学会大会発表論文集，**56**, 562-563, 2003
山内雅子：児童発声における「地声」と「頭声」における音響的差異，日本音楽教育学会 40 周年記念論文集，p.225-237，本音楽教育学会，2009
横浜市立笠間小学校：幼児期の教育と小学校教育との円滑な接続を図るための指導計画の工夫，及び指導内容，指導方法等の工夫改善に関する実践研究―，p.16「平成 28 年度笠間地区『表現』でつなぐカリキュラム」, 2017

コラム 4　小学校の授業から語る保幼小の連携・接続
　　　　　　　－算数科指導を通して－

　小学校入学直後の子どもたちには緊張感が溢れている．しかし長くて1週間，緊張の継続は困難となり，一人ひとりの違いが垣間見えてくる．そして生活経験が異なり認識の程度が違う子どもたちが，学びの集団としての第一歩を踏み出す．それぞれの子どもたちが何となく感じ，感覚的にわかっていたこと，例えば，合わせると増える，こっちの方が重い，青いシートの方がたくさん座れるなどを，数学的な表現を用いて「簡潔・明瞭・的確」に表す方法を自分の力で工夫しながら，小学校での学びが進んでいく．

数学的な表現を用いて「簡潔・明瞭・的確」に表す学びへ
　算数科では，算数の言葉である絵図，数字や表，グラフ，式を用いて，自分の考えに「訳」を付けて表現することができるように育てていく．小学校に入学したばかりの子どもたちは，数は唱えられていても，量を捉えているとは限らない．コップの中の水を全部平らな皿に移し替えると「水が減ったー！」と言い，大きな容器に入ったジュースをいくつかの小さなコップに全部分けると「ジュースが増えたー！」と言う子がいる．量の認識が未発達で「量の保存性」の認識がまだできない子どもたちもいる．量の保存性は言葉で教えて理解できるものではなく，経験を通して理解していくものである．そのため幼稚園や保育所などにおいて「色水遊び」や「お店屋さんごっこ」を体験するなかで，様々な量を合わせたり分けたりする経験を重ねている子どもは，"入っていたものを全部移せば，元の入れ物に入っていた量と入れ替えた量は変わらないこと"を体験的に理解できている．幼稚園や保育所などでの「遊び」を通して学んだことが，小学校での「学習活動」へ，そして「主体的な学び」につながっていくことになる．

小学校1年生における算数科「量」の指導にみる幼児教育とのつながり
　小学校学習指導要領（2017年告示）では，第1学年から第3学年のC領域〈測定〉において長さ・広さ・かさ・時間・重さを，そして，第3学年以降のB領域

（図形）で角の大きさ・面積・体積を扱う．

第1学年では，「測定」つまり「測ること」の意味がわかることを重点として量の大きさについて豊かな感覚を育てていく．量の大きさを比べ表す学習では，段階を追って次のような流れで学習が進められる．

①直接重ねる（直接比較）

幼稚園や保育所などでの活動では，いろいろなものを重ねることで大きさ比べを経験してきている．小学校では，端を揃える，角を揃える，まっすぐに伸ばすなど，よりよい測り方を工夫する活動を進める．

②他のものに移し替える（間接比較）

図1　色水あそび（葛飾区立飯塚幼稚園の実践）

直接重ねて比べられないものは，長さであれば紐やテープに，広さであれば色板や折り紙などに移し替えて比べる活動を行う．このことによって道具を用いた量の測定の仕方を学ぶことになる．

③測るものより小さい大きさで1つ分の大きさを決めてそのいくつ分で表す

　　（任意単位・普遍単位による比較）

重ねたり移し替えたりする方法ではどれだけ大きいかを的確に伝えることができないという不便さを実感させることで，数を用いて量を表すことにつなげていく．始めは，消しゴムなどでいくつ分を表し，1つ分の大きさによって数値が異なる不便を感じたところで1cm等の共通の単位を導入していくことになる．

これらの活動は，小学校では「長さ」から始まって，かさ，広さ，時間，角度，面積，体積へと発展していく．

量の指導では，子どもが主体的に取り組む活動を通して不便さや不具合を経験し，数値を用いて量の大きさを表すことのよさを感じていくことを大切にして学びを進める．このとき，幼稚園や保育所などにおける就学前の経験が実感をもって学ぶことに大きな役割を果たしていく．例えば「色水遊び」（図1）は，量を分ける，比べる，伝える活動を通して豊かな量感覚を身につけることにつながる．また，お店屋さんごっこでのチケットづくりは，数や文字への興味関心へと発展する活動となる．

【第1学年　単元：広さ比べ】の指導の流れとポイント

1　単元の目標
(1) 広さを直接比べたり，他のものを用いて比べたりする活動に進んで取り組む．【算数への関心・意欲・態度】
(2) 身の回りにあるものの大きさを単位として，そのいくつ分かで大きさを比べることができる．【知識及び技能】
(3) 身の回りのものの特徴に着目し，量の大きさの比べ方を見出す．
【思考力・判断力・表現力等】

2　本時の指導
(1) 本時の目標

身の回りにあるものの広さに関心をもち，重ねて比べたり（直接比較）1つ分の大きさの数で表したりする活動（任意単位を使った比較）を通して，長さやかさの比べ方を基に広さの比べ方を見いだすことができる．

(2) 展開（T：教師　C：児童　吹き出し：指導のポイント）

	学習活動と予想される児童の反応	指導上の留意点・支援
問題の構成と理解・計画	1　画用紙の大きさを比べる T：先生のもっている画用紙を大きい順に並べてみましょう．<u>理由も説明しましょう．</u> C：白，黒，赤の順番．見た目でわかる． C：3枚を重ねるとわかる． C：重ねてはみ出る方が広い． 2　教室の掲示板の広さを比べる T：どちらの掲示板が広いでしょうか． C：掲示板は重ねて比べられないから… C：右の方が広い．画用紙が8枚貼ってあるから右の掲示板の方が2枚分広い． C：水のかさ調べでも小さなコップを使っていくつ分で調べたね． C：<u>長さ比べのときも同じやり方で調べた．</u>	・簡単な広さ比べから入り，誰もが学びに参加できるようにする．〔学習活動のねらいを明確にする〕 ・数を使って大きさを表した「長さ」や「かさ」の学習を思い出すことができるようにする．〔前に学習したことを使えば新しいことも自分の力で考え出せることに気付かせる〕
自力解決	3　ランチョンマットの広さを比べる． 〔だれのランチョンマットが一番広いかな？〕 T：一番広いランチョンマットを見つけよう．どれだけ広いかを友達に知らせる方法を考えてみよう．（2人組で比べる） C：自分のランチョンマットの広さの伝え方を考える活動・考えたことを絵図や言葉で表す活動を行う．	〔学習のめあてを明確にする〕 〔一人または少人数でじっくり考える時間を設定する．自分の考えをもつことを大切にする〕

話し合い	4 広さの表し方を検討する T：話し合ってよい方法を見つけましょう． C：重ねた時に，○○さんの方がはみ出したからはみ出した方が広いことがわかった． C：消しゴムを並べて調べた．消しゴムの大きさがばらばらで比べられない．（図2） C：折り紙で比べたら私のマットは折り紙8枚と少し，△△さんの方は折り紙7枚と少し．折り紙1枚分広いことがわかった．	・数を使って表せるように同じ大きさの折り紙や板目紙を用意しておく． 【消しゴム（任意単位）を並べて広さを測る】 
まとめと発展	5 わかったこと・見つけたことをまとめる T：今日の学習を振り返って感想を発表しましょう． C：同じ広さの1つ分を決めるといくつ分で表せて数を使って広さが比べられた． C：長さやかさの大きさ比べと似ている． C：もっといろいろなものの広さを比べてみたい．	学習を振り返り学んだことをまとめる．新たな疑問や次にやってみたいことを見つける場をつくる

将来の社会を見据えた保幼小の連携と接続

　小学校では，2020年4月からの新学習指導要領実施に向けて，「主体的・対話的で深い学び」を目指して授業改善が進んでいる．深い学びは積み重ねによってこそ実現する．そのため幼稚園や保育所などで作成され，小学校に引き継がれる要録をもとに子どもが育ってきた過程を共通理解して，一人ひとりの子どもたちの得意なことを生かす指導の手立てを明確にしていくことが大切である．

　子どもたちには，急激に普及するであろうAI（人工知能）を有効利用して，自分らしさをもって豊かな人生を歩んでもらいたい．そのためには身近にある様々な問題に自ら立ち向かい，解決に向けて多様な考えをもつ他者と協働して，よりよい解決方法を探り出す力をもっていることが必須となる．教えられる知識技能を一方的に受け止めるのではなく，主体的に探究する姿勢こそ幼児期と児童期に身につけさせたい能力と態度である．その際，子どもたち一人ひとりがそれぞれの問いや願いをもち，自らの意思で周囲に働きかけて情報を収集し，得たことをもとに自分の考えをもち，外に向かって発信していくというプロセスを習得できるように支援・指導していくことが求められる．子どもたちが自分から「もっと知りたい」「解決したい」と興味関心をもって主体的に取り組める環境を子どもたちの身の回りから見つけ，整えていくことは，幼稚園や保育所などから小学校へと子どもたちの学びを導く者の大きな役目となる．

第6章 特別な支援を必要とする子どもと保幼小の連携・接続

特別な支援を必要とする子どもやその保護者の願いは，障害について正しく理解され，安心して学校に通えることである．その願いを叶えるために，就学前の保育所や幼稚園などと就学先である小学校(特別支援学級や特別支援学校も含む)との引き継ぎが非常に重要なポイントとなる．第6章では，特別な支援を必要とする子どもの状況や障害の特徴，就学に向けての流れ，実際の実践例などについて述べる．

6.1 特別な支援を必要としている子ども

特別な支援を必要としている子どもとは，身体的あるいは精神的に障害を持っていることで，生活面や学習面で支障をきたしている子どもである．例えば，「眼鏡をかけても見えづらい」，「移動する際には車いすが必要」，「落ち着きがない」，「一度に複数のことを指示すると混乱する」，「動作や行動が遅い」，「友達との関わり方が下手でトラブルが絶えない」といった子どもたちのことである．このような子どもたちのなかには，特別な支援を受けることで，周りの子どもたちと一緒に生活し学習することができる子もいる．

また，「障害を理由とする差別の解消の推進に関する法律」（いわゆる「障害者差別解消法」）が，平成28年4月1日から施行され，すべての学校，学級において，障害の程度に応じた，児童・生徒一人一人への支援を行わなければならない．つまり，特別な支援を必要としている子どもたちには，必要とされている支援が提供される権利があり，公立学校においては，支援を提供する法的義務がある（私立学校においては努力義務である）．したがって，学校は，学習環境や教材など，子どもたちへの支援に対して敏感にならなければいけない．

6.1.1 特別な支援を必要としている子どもの現状

現在，わが国は少子高齢化社会であり，義務教育段階の児童・生徒数は減少傾向にある．一方で，特別な支援を必要としている子どもたちは，平成27年度の文

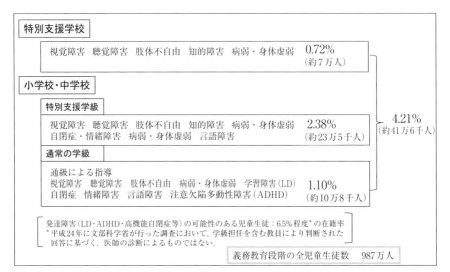

図 6.1 特別支援教育対象の児童生徒の割合（義務教育段階，平成 29 年 5 月 1 日現在）

部科学省の調査によると増加傾向であることが明らかとなっている．また，診断はされていないが発達障害の可能性のある児童・生徒数が，全国の総児童・生徒数の 6.5％も在籍しているといわれている（図 6.1）．単純に計算すると，発達障害の可能性のある児童・生徒が平均して 1 クラスに 2 名程度在籍していることになる．この点について，就学前の保育所や幼稚園などにおいても同様な傾向があることが容易に推察される．発達障害の可能性のある児童・生徒への支援を学校の課題として，学校全体で組織的に取り組んでいくことが必要である．

6.1.2 特別な支援を必要としている子どもの特徴

特別な支援を必要とする子どもたちの特徴について，ここでは，知的障害や発達障害などについて説明する．まず，それぞれの障害の関係について図 6.2 に示す．この図から，それぞれの障害が単独では存在していないことがわかる．例えば，知的障害は広汎性発達障害や注意欠陥多動性障害を併せ持つこともある．同様に，学習障害は広汎性発達障害や注意欠陥多動性障害を併せ持つこともある．実際にはこのように障害を併せ持つ子どもが多く，指導にあたる場合，注意が必要である．障害を持った子どもたちへの支援を考える場合，それぞれの障害特性を把握して実態観察やアセスメントを行い，児童・生徒一人一人の支援方法を工

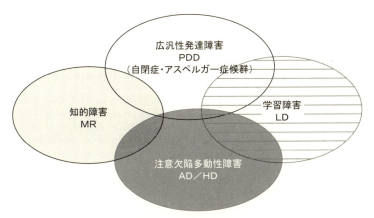

図 6.2 発達障害の関係図

表 6.1 障害の種類と特徴

障　害		特　徴
知的障害		知的機能の遅れが発達期（おおむね 18 歳まで）に現れ，日常生活に支障が生じているため，何らかの特別の援助を必要とする状態にあるもの．標準化された知能検査で，知能指数がおおむね 70 まで．判断力や記憶力などの問題で，普通学級の授業についていけない．複雑なルールの遊びに参加することは困難である．
発達障害	広汎性発達障害　自閉症	3 歳くらいまでに現れ，他人との社会的関係の形成の困難さ（対人関係の障害），言葉の発達の遅れ（コミュニケーションの障害），興味や関心が狭く特定のものにこだわること（想像力の障害）を特徴とする行動の障害である．
	高機能自閉症	3 歳くらいまでに現れ，自閉症の特徴のうち，知的発達の遅れを伴わないものをいう．
	アスペルガー症候群	自閉症の特徴のうち，言葉の発達の遅れを伴わず，かつ知的発達の遅れを伴わないものである．
	学習障害	基本的には全般的な知的発達に遅れはないが，聞く，話す，読む，書く，計算するまたは推論する能力のうち特定のものの習得と使用に著しい困難を示す様々な状態を指すものである．
	注意欠陥多動性障害	年齢あるいは発達に不釣り合いな注意力，および／または衝動性，多動性を特徴とする行動の障害で，社会的な活動や学業の機能に支障をきたすものである．

夫していくことが必要である．

　それぞれの障害特性について説明する．表 6.1 にそれぞれの障害特性をまとめ

た．

①知的障害

　知的障害は，知的な能力に明らかな遅れがあり，適応行動の困難性を伴う状態が発達期に起こるものをいう．知的な能力の遅れとは，標準化された知能検査（ウェクスラー式知能検査，田中ビネー知能検査Ⅴなど）において，知能指数がおおむね70までである．適応行動の困難性は，日常生活や社会生活，他人とのコミュニケーションなどにおいて各年齢段階において求められる段階に達しておらず，実際の生活に支障をきたしている状態のことである．知的障害のある児童・生徒は，学習によって身につけた知識や技能が断片的になりやすく，実際の生活場面において応用されにくいことなどが挙げられる．また，実際の生活経験が不足しがちのため，実際的・具体的な指導が効果的である．

②広汎性発達障害

　広汎性発達障害は，自閉症，高機能自閉症，そしてアスペルガー症候群の総称である．自閉症は3歳くらいまでに現れ，他人との社会的関係の形成の困難さ（対人関係の障害），言葉の発達の遅れ（コミュニケーションの障害），興味や関心が狭く特定のものにこだわること（想像力の障害），これら3つの障害を特徴とする行動の障害である．対人関係の障害とは，他人の気持ちが理解できない，表情を読み取ることができないなどである．コミュニケーションの障害とは，発語がなかったり，言われた言葉をそのまま繰り返したり（エコラリア）する．想像力の障害とは，いつまでも同じ遊びばかりでなかなか遊びが発展しなかったり，環境（場所，人，物）が変わるとできていたことができなくなることがある．また，何かにこだわりをもつことも多い．

③高機能自閉症

　高機能自閉症とは，知的発達の遅れを伴わない自閉症のことをいう．また，アスペルガー症候群は，自閉症の特徴のうち，言葉の発達の遅れを伴わず，かつ知的発達の遅れを伴わないものをいう．通常の学級には知的発達の遅れのない高機能自閉症やアスペルガー症候群の児童・生徒が在籍していることがあり，対人関係の障害から友達とのトラブルが絶えない．

　広汎性発達障害の特徴として，視覚優位の子が多い．視覚優位とは，話を聞いて理解するよりも写真や絵，実物を見ることで理解することに優れていることである．したがって，この優位性を利用した指導・支援がポイントとなる．

　一方で，聴覚の過敏性，味覚の過敏性がある．聴覚の過敏性は，健常児では気

にならない音でも，障害のある子どもは耳を塞いだり，うずくまったりする．したがって，マイクの音量，教員の指示を出すときの声量などには十分に配慮することが必要である．

④学習障害

　学習障害は，聞く・話す・読む・書く・計算するまたは推論する能力のうち，特定のものの習得と使用に著しい困難を示す様々な状態を指すものである．例えば，字を書く，計算することはできるが，本を読むことについて，同じ部分を繰り返して読んでしまうことがある．また，他者の表情や会話に含まれる言外の意味やその場の雰囲気などがわからないこともある．同じ学習障害と診断されても現れる困難は一人ひとり異なるので，それに対応した指導や支援が必要である．

⑤注意欠陥多動性障害

　注意欠陥多動性障害は，年齢あるいは発達に不釣り合いな注意力，および／または衝動性，多動性を特徴とする行動の障害で，社会的な活動や学業の機能に支障をきたすものである．忘れ物が多かったり，気が散ってしまい周りのことに集中できなかったり，落ち着きがなく教室内を歩くなどの特徴がある．また，相手の話をさえぎる，友達に対してかっとなったりするため友達との人間関係がうまくつくれないことがある．したがって，少集団の中で順番を待ったり最後まで話を聞いたりする指導や，余分な刺激を抑制した状況で課題に集中して取り組むことを繰り返す指導などが必要である．

　なお，学習障害，注意欠陥多動性障害については，平成18年度から，通常の学級の中で十分な配慮を行ったうえで，必要であれば通級による指導（通常学級に在籍しながら特別支援教育を受けること）を行うことができるようになった．

　障害を持った子どもたちに共通するのは，成功経験が少なく，失敗や叱責を受けるなどの経験が多いために，自分の能力を発揮できず，あらゆる面で意欲を失っている点である．また，健常児よりもいろいろなことの経験も少ない．したがって，新しいことに挑戦することを嫌がることが多い．そのため，自力でやり遂げた経験を積み重ね，自信を持たせていくことが大切である．また，対人関係がうまく築けないため，障害の程度に合わせてソーシャルスキルトレーニングと呼ばれる社会生活上の基本的な技能を身につけるための学習やストレスマネジメントと呼ばれるストレスへのよりよい対応の仕方を学ぶ学習を行う場合もある．

6.2 特別な支援を必要としている子どもたちにとっての小学校入学

小学校入学は，子どもも保護者もうれしい限りであるが，一方では不安なこともある．例えば，「保育園や幼稚園での遊びを中心とした生活から学習を中心とした生活へ変わるが，ちゃんと順応できるのだろうか？」，「授業中，座っていられるだろうか？」「集団が大きくなるが，先生は一人で大丈夫なのか？」などである．特別な支援を必要としている子どもたちや保護者にとっては，小学校への入学は，非常に不安なことである．その不安を解消するためにも，保育所や幼稚園などと学校，保護者との情報共有が重要となってくる．

6.2.1 就学相談と就学先選択

特別な支援を必要とする子どもたちの就学先として，通常学級，特別支援学級そして特別支援学校がある．それぞれの学級の違いは，指導内容の違いだけでなく，学級当たりの児童数や指導体制の違いがある．文部科学省による学級編成の標準は，表6.2の通りである．例えば，通常学級であれば40名で1学級である．一方，特別支援学校では6名で1学級である．また，特別支援学級や特別支援学校においては，複数の教員で授業を行うティーム・ティーチングが行われている．特別支援学級や特別支援学校では，子どもたち一人ひとりの実態に応じたきめ細かな指導を行うために，少人数での学級編成とし，指導体制においてもティーム・ティーチングとなっている．

小学校への就学については，各区市町村の教育委員会での就学相談で行われている．各区市町村での就学相談では，子どもの行動観察，医師の診断，保護者記入の就学相談票などをもとに就学先を判定する．その判定について，保護者と協議し了解を得られた場合，就学先が決定する．また，「特別支援学校が適している」

表6.2 学級編成の標準および指導体制

	標準人数	指導体制
通常学級	40人 （小1は35人）	1人
特別支援学級 （小学校，中学校）	8人	複数 （ティーム・ティーチング）
特別支援学校 （小学校，中学校）	6人	複数 （ティーム・ティーチング）

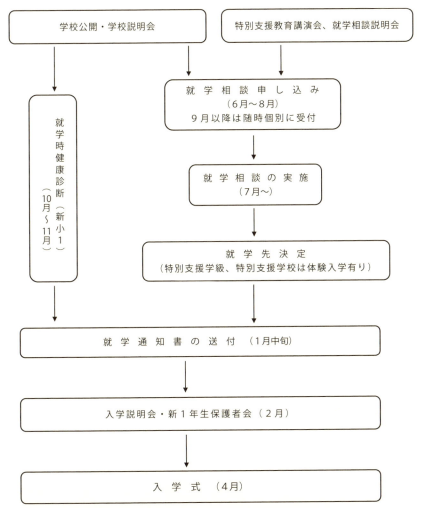

図 6.3　東京都目黒区（小・中学校）の就学相談の流れ

と判定された場合，都道府県の教育委員会での就学相談を実施する．この就学相談では，保護者の面談に加え，特別支援学校での体験を行い，最終的に特別支援学校への就学が決定する．

一方，就学先の判定について，判定の理由などを説明するが，保護者からの了解が得られない場合，就学相談は継続することになる（図 6.3）．保護者の意向を

聞き取り理解できる場合には，通常学級や特別支援学級での体験を設定し，適切な就学先を判定していく．

6.2.2 保育所・幼稚園などと就学先との連携・接続

斎藤・中井（2016）は，発達障害を持った子どもの保護者が小学校への就学に際し，「友人関係」，「保護者からの苦情」，「幼・保・小の連携がとれているか」などの不安を持っていること，小学校の教員に保育所や幼稚園に来てもらい，実際の子どもの行動を複数回見てもらいたいという希望が大変強いことを明らかにしている．

障害を持った子どもたちが，就学そして就労していくときに，一人一人について支援シートを作成する．これら支援シートは，小学校に入学する際には，就学支援シート，在学中は学校生活支援シート，そして就労の際には就労移行支援シートと呼ばれるものであり，子どもの特徴や支援方法，関係機関等が記載されている．これらの支援シートには統一した書式はなく，各自治体によって異なる．

保育所や幼稚園に在園している子どもたちの就学先が決定すると，すべての子どもについて，就学先に引き継ぎをすることが重要である．とくに特別な支援を必要とする子どもの場合，障害の特性の配慮事項，支援の方法やニーズなどについて就学先に十分に引き継ぐことが，子ども自身だけでなく保護者の願いを叶えるためにも重要なポイントである．そのためには，就学支援シートを活用することが重要である．ただし，就学支援シートの作成は任意であるため，保護者の同意を得て作成する必要がある．作成にあたっては，保育所や幼稚園の先生から保護者に対して，保育所や幼稚園から小学校へのスムーズな就学に向けてシートの有効性を十分に説明し，理解を求めていくことが必要である．このシートに基づいて引き継ぎを行うことで伝え忘れることが少なくなり，就学先にしっかりと伝わることになる．小学校としては，子どもの特徴，支援の方法などの情報が事前に把握できるため，小学校における支援体制を準備することができる．就学支援シートは各自治体で様式が異なっているが，基本的な項目は同じである．資料として，就学支援シート例（図6.4）を載せておく．

なお，東京都においては，小学部・中学部を設置している特別支援学校が地域の特別支援教育のセンター校としての役割を持っている．特別支援学級だけでなく通常学級や保育所，幼稚園，保護者から特別な支援の必要とする子どもについての相談を受けている．具体的には，特別支援教育についての研修会の講師，実

1 保護者記入欄

好きな遊びや得意なこと	
嫌いなことや苦手なこと	
性格や行動の特徴	
食事・排せつ・着替え等	
健康面で気を付けているところ（身体的なことや服薬等）	
情緒が不安定になりやすい場面・状況と対応	
家庭で配慮していること，大切にしていること	
その他	

2 幼稚園・保育園・こども園記入欄　　記入施設名【　　　　　　】

社会性	人とのかかわり	
	集団への参加	
	意思疎通の方法	
生活（身体の動きや日常生活）		
興味・関心		
使用教材や教具，働きかけの工夫		
その他		

3 療育期間記入欄　　　　　　　記入施設名【　　　　　　】

社会性	
学習（ことば・数など）	
行動の特性	
その他	

図 6.4　就学支援シート例

態観察やアセスメントなどである．実際に保育所や幼稚園に行き，子どもを観察し，具体的な指導法や支援の仕方について助言している．保育所や幼稚園，通常学級における特別な支援を必要としている子どもへの支援の仕方について，積極的に特別支援学校と連携していくとよい．

6.3　特別支援学校における実践から学ぶ

6.3.1　特殊教育から特別支援教育へ

特殊教育から特別支援教育に名称が変わり，特別支援教育の現場では，障害の種類や程度に応じ特別な場（養護学校）で行う特殊教育から，学習障害，発達障害（注意欠陥多動性障害，高機能自閉症等）を含め障害のある児童・生徒一人一人の教育的ニーズに応じて適切な教育的支援を行う特別支援教育への転換を図ってきた．特別支援教育では，障害のある子どもたちの自立や社会参加に向けた主体的な取組みを支援するという視点に立ち，一人一人の教育的ニーズを把握し，その持てる力を高め，生活や学習上の困難を改善または克服するため，適切な指導および必要な支援を行う必要がある．また，「障害を理由とする差別の解消の推進に関する法律」（いわゆる「障害者差別解消法」）が制定され，平成28年4月1日から施行されている．したがって，特別支援学校や特別支援学級だけでなく，すべての学校，学級において児童・生徒一人一人に応じた指導を行わなければならないことが法律により定められている．

6.3.2　教育課程

視覚障害，聴覚障害，肢体不自由等の障害のうち，知的障害を伴わない子どもに対しては，就学先が特別支援学校であっても通常学級と同じ教育課程での学習を行っている．

通常の小学校や中学校においては，国語や算数，社会といった教科別の指導を行っている．一方，特別支援学校において，通常の学校における教科に自立活動を加えた教科別の指導と各教科等を合わせた指導を行っている．この各教科等を合わせた指導が，知的障害特別支援学校の教育課程の特徴である．

各教科等を合わせた指導とは，各教科，道徳科，特別活動，自立活動および小学部においては外国語活動の一部または全部を合わせて指導を行うことである．特別支援学校では，日常生活の指導，生活単元学習，作業学習，遊びの指導，社会性の学習（東京都のみ）などとして実践されている．知的障害のある児童・生

徒の場合，学習によって身につけた知識や技能が断片的になりやすく，実際の生活場面において応用されにくいことなどが挙げられる．また，実際の生活経験が不足しがちのため，実際的・具体的な指導が効果的である．

6.3.3 具体的な指導例

ここでは，「順番を守る・待つ」ことを学ぶ指導の例を挙げる．自閉症の子どもにとって，順番を守る・待つことは苦手である．買い物の際，レジで並ぶ，ボウリングでは自分の番になったら投げるなど，社会においては順番を守る・待つことは重要なことの1つである．学齢期の小さい頃から，順番を守る・待つことを繰り返し指導し，身につけさせていくことが必要である．

順番を守る・待つことを学習するには，子どもたちが楽しんで取り組める活動とすることが大事である．例えば，ブランコや滑り台など保育園や幼稚園でも慣れ親しんでいる遊びであるため，子どもたちは喜んで活動する．子どもたちは，楽しい活動であるからこそ，友だちよりも先にたくさんやりたい気持ちになる．その気持ちをうまく利用することで，順番を守る・待つことを意識させていく．ポイントは，複数の子どもたちを一斉に活動させるのではなく，1人ずつ順番に，名前を呼び活動させることである．この順番は，教員が決める．子どもたちのなかには，順番が待てずに前に出てくる子どもが必ずいる．その子どもに対して，「順番だよ」と伝え，席に戻り座らせ待たせることが大事である．この経験を何度も何度も繰り返していくうちに，順番を守る・待つことが段々と身についてくる．また，初めのうちは，子どもの順番は毎回同じにするほうが子どもにとっては理解しやすい．教員は，待つことのできた子どもに対して，しっかりと褒めることが大事である．

順番を守る・待つことを短い時間ならできるようになってきたときには，待ち時間を少しずつ延ばしていく．延ばす時間も，子どもたちの様子をしっかりと観察し，子どもたちがイライラしたり不安定にならない時間とすることが大事である．それでも順番を待てずに前に出てくる子どもに対しては，「順番だよ」と伝え，席に戻り座らせ待たせる．

さらに，より順番を意識させるための工夫として，黒板やホワイトボードなどに数字カード（1から6など，子どもの数だけ）を貼り，その下に子どもの写真カードや名前カードを貼る．子ども自身が何番目であるのか，○○君の次ということが視覚的にわかるようにするためである．視覚的に順番がわかると，子ども

たちは，見通しが持て，落ち着いて待っていられるようになる．
　「順番を守る・待つ」ことを身につけさせるために，意図的に場面設定をして取り組んできたことを他の様々な場面においても組み入れていくことが，次のステップとなる．自閉症の子どもの特徴として，他の場面への応用（般化）を苦手としている．したがって，ある程度順番を守り・待つことができるようになったら，他の場面でも順番を守り・待つ活動を意図的に組み入れていく．その際には毎回同じ順番で取り組ませる必要はない．

6.3.4　指導の手立て，教材作り，環境整備
　特別な支援を必要とする子どもたちは，成功経験も少なく，苦手意識が強いため，課題を行った後には，すぐに褒めることが，次の課題に向かう意識づけにつながる．褒められることは，どの子どもたちもうれしいことである．褒められることで自信も持てるようなる．逆に，課題ができなかった，間違っていた場合には，×を付けたり，「ダメ」「違うでしょう」などの否定的な言葉がけはマイナスに働き，自信を失い，やる気をなくしてしまう．解き方を再度説明し，正解を子ども自身で導き出せるようにすることが必要である．さらに，課題の提示の順番は，最初から課題を提示するのではなく，すでにできていることから始め，最後に課題を提示する流れとなる．最初に課題を提示すると，そこでつまずき，次に進めなくなってしまったりイライラしてパニックを起こしたりするからである．
　また，課題設定の基本的な考えとして，スモールステップがある．スモールステップとは，すでに学習・獲得したことから，ちょっと頑張ればできそうな・達成できそうなことを課題として取り組ませることである．このステップは，子ども一人一人異なることを理解してほしい．このステップを繰り返し取り組ませることで，力が身についていく．特別な支援の必要な子どもたち一人一人の課題を達成するためには，課題の設定と課題提示の順番を考えることが大事である．
　次に，教材作り，特にプリント教材についてである．プリント教材は，同じ課題について複数の種類を準備する．子ども一人一人に応じたプリントである．例えば，文字の大きさ，漢字にルビをふる，1枚につき1問などの配慮である．配慮されたプリントを，子どもたち自身がどのプリントに取り組むか選択させることが重要である．
　最後に，環境の整備である．子どもたちが安心して授業を受けられる環境づくり，落ち着ける環境づくりに教員は努めなければならない．例えば，教室内の掲

図 6.5 スケジュール

図 6.6 手順書

示物を精選し，不必要な掲示物は外し，視覚から入る情報を少なくする．そのことだけでも，子どもたちの気が散らず，安心して授業を受けられ，落ち着ける環境となる．また，1 日のスケジュールを上から下にイラストと文字で示すことによって，1 日の見通しが持てるようになり，安心した学校生活を送ることができる（図 6.5）．また，イライラしときにエスケープする場所（小さくても構わない）があるとなおよい．

　また，教員からの指示がなくても活動できるよう，視覚支援を用いる．写真やイラスト，文字などで活動内容の手順を黒板やホワイトボードに提示しておく．同時に，子どもたちの手元にも活動内容や手順を示したプリントなどを準備しておくことも大事である（図 6.6）．

　また，すぐに離席したり，遊びをなかなかやめられなかったりする子どもに対しては，タイマーを活用するとよい．「ブザーが鳴るまで机に向かって学習する」，あるいは，「ブザーが鳴ったら遊びをやめる」といった約束を決める（図 6.7）．繰り返しタイマーを用いることで，ルールが理解され，離席が減ったり，遊びをやめられるようになったりする．これらの教材や環境整備をすることにより，子どもたちがより主体的に活動できるよう

図 6.7 タイマー

になり，自信を持てるようになる．タブレット端末などの ICT 機器を積極的に活用することも，特別な支援の必要な子どもたちにとっては有効な手立てである．

　本章では，特別な支援を必要としている子どもの保育所や幼稚園などから小学校への就学に際し，就学支援シートを活用した情報共有，特別支援学校との連携，子ども一人一人に配慮した教材や指導の工夫などが重要であることを述べてきた．また，通常学級において，発達障害の児童・生徒数が増えてきている現状からも保幼小との連携・情報共有は非常に重要となってくる．支援については，一人一人異なるため，その子どもにとってどんな支援が有効であるのか，必要としているのかなど，しっかりとアセスメントすることがポイントである．すべてを同時に行うことは難しいため，できることを1つずつ積み重ねていく気持ちで日々の教育活動に取り組んでいってほしい．また，特別な支援を必要とする子どもたちは，ゆっくりと成長するため，焦らず，根気よく指導にあたっていただけることを願っている．

　最後に，特別支援教育に関わりたいと考えている学生には，教員が工夫，努力した分だけ，子どもたちは成長することを覚えていてほしいと願う．子どもたちは正直であり，つまらない課題や難しすぎる課題には見向きもしない一方で，面白い課題や興味を持てる課題に対しては真剣に取り組む．子どもたちの成長していく姿を楽しみに，常に子ども一人一人に応じた教材の作成・準備や支援方法の改善などに取り組んでいける教員になってほしい．

文　　献

今中綾子：「特別支援教育における幼小連携」―早期の支援とその移行，大阪市教育センター研究紀要，第 197 号，2011

文部科学省：特別支援教育資料（平成 29 年度）第 1 部　集計編，2017．http://www.mext.go.jp/component/a_menu/education/micro_detail/__icsFiles/afieldfile/2018/06/27/1406445_001.pdf（最終アクセス日：2018 年 12 月 7 日）

文部科学省：特別支援学校小学部・中学部学習指導要領

斎藤富由起，中井優香：保幼小連携における発達障がいの支援の実態と保護者の支援ニーズに関する研究，千里金蘭大学紀要，**13**：7-19，2016

東京都教育委員会：小・中学校用支援シート．http://www.kyoiku.metro.tokyo.jp/school/document/special_needs_education/files/coming_plan/26shochu_shiensheet.pdf（2018 年 12 月最終アクセス）

第7章　保幼小の連携・接続を支える学童保育

　保育所・幼稚園などと小学校との連携・接続を考えるとき，それを取り巻く要因について考えることも大切である．従来，子どもの育ちにとって家庭でも学校でもない，第3の居場所の重要性が指摘されてきた．そうした子どもの育ちを支える第3の居場所として，小学生が放課後を過ごす場に着目すると，主として学童保育・児童館・習い事などがある．本章ではそのうちの学童保育を取り上げて，保育所・幼稚園などと小学校との連携・接続を支える学童保育のあり方について考える．

7.1　学童保育とは何か

　最初に，「学童保育」とは何かについて確認しておこう．「学童保育」とは，端的に言えば，保護者の就労により放課後の生活を子どもだけで過ごさなければならない家庭の子どもが放課後を過ごす場のことである．現在日本の学童保育は正式には「放課後児童クラブ」という名称で，厚生労働省によって所管され，小学6年生までが対象とされている．

　小学校低学年の子どもたちは，学童保育の場で小学校よりも長い時間を過ごしている．学童保育についての著書のある増山均によれば，学童保育には3つの顔があるという．それは，①家庭の代替機能としての顔，②放課後の学習の場としての顔，③子どもの遊び・文化活動の場としての顔，である．このように，学童保育は「福祉」「教育」「文化創造」としての役割を担ってきた（増山，2015）．

7.1.1　日本の学童保育の現状

　厚生労働省と文部科学省によって打ち出された「放課後子ども総合プラン」は，「共働き家庭等の『小1の壁』を打破するとともに，次代を担う人材を育成するため，全ての就学児童が放課後等を安全・安心に過ごし，多様な体験・活動を行うことができるよう，一体型を中心とした放課後児童クラブ及び放課後子供教室の計画的な整備等を進める」ことを目的としたものである（厚生労働省・文部科学

省，2014)．「小1の壁」とは，共働き家族において子どもが保育所を卒園し，小学校に入学する際に直面する社会的な問題（保育園を考える親の会，2015）を指す．

このプランでは，①学校施設を徹底活用した実施促進，②一体型の放課後児童クラブおよび放課後子供教室の実施，が大きな軸となっている．なお，放課後児童クラブは前述のように学童保育が必要な子どもが過ごす場であり，厚生労働省が所管している．一方，放課後子供教室は，「すべての子供を対象に，地域の方々の参画を得て，学習や様々な体験・交流活動，スポーツ・文化活動等の機会を提供する取組」（文部科学省・厚生労働省，2018）であり，文部科学省が所管している．

より簡潔に説明すると，放課後児童クラブが「保育に欠ける子ども」を対象とする一方，放課後子供教室は「小学校に通うすべての子ども」を対象とする．目的・方法も異なり，放課後児童クラブが「遊び」や「生活の場」を与えるのに対し，放課後子供教室は様々な体験活動や多世代等の交流，学習支援が主な内容とされる（梨本，2017）．

つまり，今回のプランは小学校の余裕教室や特別教室などを利用し，学童保育が必要な子どもも，そうでない子どもも，一緒に放課後を過ごすことができるというものなのである．

7.1.2 学童保育をとりまく課題

これにはいくつかのメリットがある．例えば，学校という資源を放課後も活用することができること，学校から学童保育への移動がスムーズで安全であること，地域の人財の恩恵を得ながら育つことができること，さらに，公の施設で実施されていた学童保育を学校に移すことによって，自治体としては新たなスペースが確保でき，保育所の待機児童解消など，他の住民ニーズへの対応が進むこと（池本，2013）も指摘されている．

しかし，この制度は従来学童保育施設を利用していた子どもたちの一部が自主的に放課後子供教室のみの利用に移行することも想定されている．この場合，放課後子供教室ではおやつの提供がなかったり，下校時刻が早かったりという制度面での違いや，支援員の子どもとの関係性の違いなどもある．放課後児童クラブは生活の場であることから，保護者のような関係性が求められる場面があるが，放課後子供教室ではそのような関係性は求められない．これについて全国学童保

育連絡協議会は,「役割の異なる事業では,学童保育の目的を果たすことは不可能」であると指摘している(全国学童保育連絡協議会,2017a).

また,「学校」という公的な場で放課後まで過ごすことは,学校における人間関係がそのまま放課後まで続くことをも意味する.学校という大きな集団での生活に親和性のある子どもにとっては大きな問題はないかもしれないが,例えば大きな集団にストレスを感じている子どもや,学校内でトラブルを抱えている子どもにとっては,放課後まで逃げ場がないことはかなりのストレスとなる可能性がある.このように,子どもにとってのONとOFFの切り替えが難しくなるという点に,このプランのデメリットがあるといえるだろう.

7.2 保幼小の連携・接続を支える学童保育

7.2.1 学校でも家庭でもない第3の居場所としての学童保育

ここで,幼児期からの子どもの生活を振り返ってみよう.保育所や幼稚園などでの子どもたちの生活は,園による違いはあれど「遊び」を中心とし,そのなかから様々な「学び」を得るという生活である.また,保育者との距離は近く,とくに保育所における保育者と子どもは親子のように近しい関係性を結んでいることも多い.そうした大人に慈しまれ尊重されながら,ともに生活をし,生活習慣から人間関係,問題解決の方法に至るまでゆったりと丁寧に学んでいる.そして,自分の興味のあることが尊重され,それをとことんできるよう保育者がサポートしてくれる.

そうした生活から一転,小学校に上がると「学び」の部分が切り離され,システマティックに教えられるという時間のなかに放り込まれる.そこでは規律が重視され,自分が興味を持ったことをそのタイミングで探索に行くことも許されない.それをしようものなら,たちまち「授業中に立ち歩く問題のある子」というレッテルを貼られてしまう.「みんなと同じことができる」ということが評価され,時間は細切れで,「やりたいことをとことんやる」という時間は保障されていないことが多い.

「個」が尊重される空間から「集団」が尊重される空間へと子どもたちは移行を求められる.こうしたなかで,違和感を持つことがあっても不思議ではない.こうした構造のなかにあって,子どもたちの生活の部分を保障できる場,それが学校でも家庭でもない,第3の居場所である学童保育なのではないだろうか.

そのように考えると,学童保育は保育所・幼稚園までの生活と同じように,支

援員との距離が近く，人として慈しまれ尊重されながら，自分のやりたいことをとことんできる場であることが理想的であるといえる．こうした部分が学童保育において用意されていれば，子どもたちは小学校入学以降も保育所・幼稚園などの就学前の保育・教育機関と同じような時間・空間があることに安心し，小学校においてもより落ち着いて過ごすことができるだろう．

7.2.2　実践事例から学童保育での育ちを考える

ここでは事例を挙げながら，保幼小の連携・接続を支える学童保育と保護者支援について考えていきたい．

1）　保幼小の連携・接続を支える学童保育

事例1

小学校1年生のA子は小学校入学後，大人数のクラスにも，大人数の公立学童保育にもなじめず，本人も保護者も悩んでいた．そこで週に1回民間学童保育施設Xに通うことにした．民間学童保育施設Xは少人数で，10人に満たない子どもたちを常時3名以上の支援員が支援している．そこでは大人たちから自分の子どものように愛され，子ども自身のやりたいことが尊重され，とことん取り組むことができる．A子は最初自分に自信がなく，友だちの意見に流されたり譲ったりという場面が多くみられた．

しかし，プラバン製作やマーブリングを始めとしたアートに取り組むなかで「自分はこうしたい」という気持ちが持てるようになり，少しずつ表現できるようになっていった．アートの技術を得たこともA子の自信となり，徐々に自分から「これをやりたい」と，気持ちを表現し，主体的に取り組むようになった．1年が経つ頃には，たとえ友だちと意見が違ったとしても流されることなく，自分の意見を主張できるまでになった．

保護者によれば，A子は民間学童保育施設Xに通うようになってから精神的にも落ち着き，学校にも嫌がらずに行けるようになったとのことであった．

このように，週1回の民間学童保育施設Xで過ごす時間がA子の支えになっている様子であった．1週間のなかにこうした時間があるのだということが，A子の心のバランスを保つための一助となり，小学校に対する姿勢にもよい影響を与えたようである．

7.2 保幼小の連携・接続を支える学童保育　　　　　　　　　　　　　　111

> **事例2**
> 　小学校1年生のB子は，年長のときから月に1回民間学童保育施設Xの未就園児向けクラスに参加していた．そこで同学年の友だちや支援員と一緒に遊び，学童保育の日常に慣れていった．そのため，4月の入学式前に朝から夜まで学童保育で過ごすことに違和感を持たず，スムーズに新生活をスタートすることができた．
> 　小学校入学前から学童保育での生活が始まっていたことで，学童保育にすっかり慣れてから小学校の生活が始まり，小学校の生活にもスムーズになじむことができた．

　このように，小学校入学以前から学童保育に慣れることができる機会は，小学校への接続をスムーズにするための支えとなる．子どもにとって，「学童保育」も「小学校」もともに新たな環境である．その新たな環境が同時にスタートするよりも，少しでもずれてスタートできた方が，子どもにかかる負担も少ないのかもしれない．また，この民間学童保育施設Xが保育所・幼稚園までの生活と似ているために，よりスムーズな移行を助けることとなったと考えられる．
　これら2つの事例のように，学童保育が保育所・幼稚園などの小学校就学前までの生活と同じような場となることで，子どもの小学校生活への移行をスムーズにすると同時に，小学校での学びを支えるものにもなりうる．

2）　保幼小の連携・接続を支える保護者への支援
　ここまで，保幼小の連携・接続について「子ども」を中心として考えてきたが，子どもの小学校教育への移行を支えるうえで，保護者への支援も必要不可欠である．以下では，「保護者」を中心として考えてみたい．
　学童保育に通っている子どもは，保育所に通っていた子どもが多い．保育所では保育者と保護者の距離が近く，「子育ての同志」というような関係性を築いている場合も少なくない．送迎の際の会話や連絡帳を通して子育ての悩みを相談したり，情報交換をしたりというなかで抱く「共に子育てをしている」という感覚は，仕事をしながら子育てをしている保護者にとって大きな心の支えとなりうる．
　ところが，小学校に上がった途端，「先生」という存在との距離が急に遠くなる．そうしたなかで，「子どもが小学校でどのように過ごしているのかが全く見えない」という状況に不安を抱く保護者も少なくない．保育所・幼稚園までは義務づけられてきた保護者支援が小学校に上がるとなくなってしまうのである．こうしたなかで「なんだか小学校に入った途端に急に放り出されたような気がする」と

の不安の声が多く聞かれる．保幼小の接続の支援が必要なのは子どもだけではない．保護者もまた新たな環境に戸惑い，支援を必要としているのである．

　こうした保護者に対して丁寧に支援できるのが学童保育の支援員であるといえるだろう．学童保育の場合，必ずしも保護者と直接的に関わることができるとは限らない．しかし，連絡帳を通して情報交換を行ったり，育児の悩みに対応したりということは可能である．また，子どもが学童保育でどのように過ごしていたのか，どんな素敵な面がみられたのかなど，些細なことでも丁寧に伝えることは保護者の安心感や帰宅後の親子の会話の一助にもなりうる．こうしたことを通して，保護者との信頼関係が形成され，互いに「共に子育てをしている」という感覚を持つことができる．それにより，子どもの教育環境がよりよくなっていくという効果もある．やりとりをこまめにしている保護者の子どもは，安定して順調に成長していく傾向がみられる．

　ここで，支援員と保護者との連絡帳を通したやりとりの事例を紹介したい．

(6月16日)
【支援員】今日は絵の具遊びを楽しみました．オイルパステルと水彩の組み合わせが気に入り，とても楽しそうにしていました．最初は「何を描いたらいいかわからない」と言っていたのですが，ちょっとした画法や例を見せるとイメージがわいたようで，どんどん描いていました．

【保護者】帰ってくるなり，絵の具のプレゼントを得意気に出してきました．オイルパステルと水彩を使っての絵の具遊びが新鮮だったようで「あのね！新しいの買ってきてくれたんだよ‼　特別なの．…うーん，特別っていうかすごいんだよ！」と話していました．

(8月3日)
【保護者】今日，学校の宿題をするため，江ノ電に乗り海を見に行きました．家に帰って海の中にたくさんのサーファーを描くというので"絵の具混ざっちゃうね…どうやって描く？"と言うと，「大丈夫！人をクレヨンで描いて，青の絵の具ではじかせればいいから！はじき絵っていうんだよ．C先生に教えてもらったからできる♪」と答えました．日頃「どうやったらいいの？」「これでいいの？」が口グセで「試しながらやってみる」「考えてやってみる」が苦手な娘ですが，(民間学童保育施設) Xで遊びながら，自然に教わり，技法を得て，自信につなげている様子にうれしくなりました．

　これは，民間学童保育施設Xで初めて「はじき絵」を知り，やってみたA子

が，帰宅後にその感激を興奮気味に保護者に話していたときの様子と，しばらく後に，その経験を応用して自主的に新たな作品作りに取り組んだという保護者からの報告である．日頃のA子とは違う様子に成長を感じ，喜んでいる保護者の様子が伝わってくる．

次に，この後の様子をみていこう．

(9月22日)

【支援員】(ノートに) はさんであるうさぎ，Aちゃんが白い紙に色をぬっていたものを使って作りました (図7.1)．Aちゃんとしては色ぬりが「失敗だった」と言って捨てようとしていたものなのですが，色味がとてもきれいだったので，「自分では失敗だと思うものでも工夫次第でステキに生まれ変わることもできるんだよ」というメッセージを込めて作りました．Aちゃんも気に入ってくれたようなので，はさんでおきます＾＾

【保護者】そうなのです…．製作に対して「完璧な完成形」のイメージがあって，少しでも思った通りにいかないと，捨ててしまうのです．修正の方法を伝えてもだめで，結局作るのをやめてしまうことが多いです．2歳ぐらいからそんな感じでぬり絵もきれいにぬれないのが嫌でやろうとしませんでした．なかなか寛容に接してあげられず，イライラしてしまいます…．かわいいうさぎに変身してうれしかったようです！ありがとうございました．

(9月29日)

【支援員】そうなのですね！2歳ぐらいからって，すごく昔から自分をしっかり持っているんですね．たしかに今日も折り紙をしていて，出来上がりが満足いかなかったときに「やっぱこれいらない！」と言ってすべて開き，得意なクローバーを折り直していました．でも捨てずに折り直しているところが「いいなぁ」と思いました＾＾自分が納得いくまでやりきる力につながっていけば，その2歳からの性質は宝物になるかもしれませんね．この左ページの絵，ものすごく素敵ですね!!私，すごく気に入って，Aちゃんに何

図7.1 うさぎの切り絵

度も「これ本当に素敵だねぇ〜♡」としみじみ言ってしまいました．この絵のタッチも世界観も感性も素晴らしいですね．

(10月13日)
【保護者】(お迎え時の会話) もともとAは同学年の他の子よりも発達が遅く，できないこと，やらないことが多いと感じていました．子育てはやればやっただけ答えが出るわけではないことに焦り，どうしてもイライラしてしまっていました．ごっこ遊びなんかもしなくて，力のある子たちはしているのに…と思ったり．でも，C先生の書いて下さった連絡帳を毎回読んでいるうちに，Aのいいところが見えてきました．本当はここはいいところだったのかもしれないと思えるようになり，Aに対する見方がポジティブになって，私自身とても気持ちが楽になりました．今までこんな気持ちを人に話すことはできなかったのですが，話したいと思える方に出会えて本当に感謝しています．これからもどうぞよろしくお願いいたします．

　この事例からは，支援員との連絡帳のやりとりを通して，保護者のA子に対する見方がポジティブに変化していったことが読み取れる．また，保護者との丁寧なやりとりにより，支援員のA子に対する理解も深まった．そのことが，日々の学童保育における実践に活かされた．このように，丁寧なやりとりを重ねることは，保護者のケアという点でも，子どもの教育環境の改善という点でも，望ましいものであるといえるだろう．
　こうした事例をもとに，「支援員による育成支援を通した子どもと保護者の変化のメカニズム」についてまとめたのが図7.2である．
　支援員は子どもに対して，ただ漫然と支援をするのではなく，子どもが主体的に取り組み，頭と心が動くような仕掛け（遊び）を用意する．簡単には乗り越えられないけれど，真剣に取り組めば乗り越えられるようなものを用意することで，様々な力を養うことができる（①）．その際，一人一人の発達段階，性質，感性，取り巻く状況，環境等を考慮に入れたうえで，その瞬間にその子にとって最も良いと考える対応を心がける．このように考えると，遊びと学びは切り離せない．
　こうした過程のなかで，子どもが成長し，変化していく（②）．そして，その変化の様子や専門家としての解釈を支援員は「連絡帳」を通して保護者に伝達する．また保護者は直接子どもと関わるなかで，子どもの変化を目にし（③），保護者の子どもへの認識がポジティブに変化していく（④）．それをふまえて，子どもへの

7.2 保幼小の連携・接続を支える学童保育

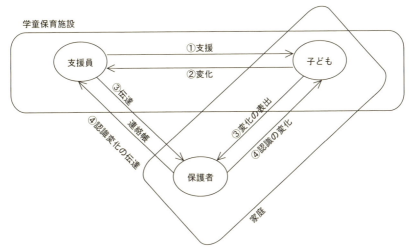

図7.2 支援員による育成支援を通した子どもと保育者の変化のメカニズム

関わり方もより良いものになっていく．同時に，子どもへの認識が変化したことを支援員に「連絡帳」を通して伝える．これをふまえて支援員は子どもへのより良い支援を考え，実践していく（①）．こうした循環のなかで子どもと保護者が変化していくと説明することができる．

以上のように，学童保育は保護者にとっても子どもの育ちを見つめ直す助けとなる場であり，小学校への移行期における保護者支援の役割も担っていると言える．

7.2.3 子どもの育ちを支える学童保育の環境

ここでは，学童保育がこのような場であるために必要な物的環境について考えたい．

学童保育施設は，子どもたちにとっての「放課後のおうち」である．そのことを考えたとき，できるだけ家庭的な空間づくりをすることが大切である．そのためには，大人も子どもも「居心地がよい」「ずっとここで過ごしていたい」と感じられる心地良い空間を目指したい．

全国の学童保育施設をみてみると，プレハブを使用している施設も散見される．このことについて「プレハブで過ごすなんて子どもがかわいそう」という意見もある．そこで保護者の力で居心地の良い場所に移転し，空間づくりをしたという

例も報告されている（糸山，2018）．

こうした例は様々な条件に恵まれた例であると言えるが，プレハブからの移動が簡単ではない現場も多いだろう．その場合に，暑さ寒さは別として，少しでも快適で落ち着く空間にするためのいくつかのポイントをここで紹介したい．

①色彩

壁やカーテン，じゅうたん，玩具や飾り，家具などの色彩に加え，カラフルな洋服を着た子どもたちが過ごす空間では，一般の家庭よりも色彩が多くなりがちである．また，原色同士の組み合わせや人工的な色彩では自然の色彩よりも不調和になりがちであるとの指摘もある．しかし，色彩が多すぎると人は寛ぐことができない．そのため，空間をつくる際には，色彩のバランスを考え，できるだけ自然に近い無地の落ち着いた色彩・素材を配するようにすると良い（高山，2017）．

②休息のできる場

大人の効率性が優先される施設の場合には，汚れにくく掃除がしやすいように人工的な素材が多くなりがちである．しかし，子どもが放課後に疲れて帰ってきて休息したいと思ったときに心置きなく休息できるスペースは，子どもが安心して過ごせる場にするためにはとても大切である．

例えば，子どもがリラックスできるような柔らかいじゅうたんを敷く，ソファを用意する，タペストリーをかけるなどして，家庭のようなあたたかな雰囲気をつくることも有効である（高山，2017）．

③落ち着ける人数

日本の学童保育における「基本的な生活単位となる学童保育の集団の規模」は40人までと規定されている（1つの単位に支援員2人以上が配置される）．それに対し諸外国では，ドイツ25人まで，イギリス26人までとなっており，スタッフ1人当たりの子ども数もフランス12人，イギリスは8人（7歳まで）で，さらに常時複数配置なども規定されており，日本においてもガイドラインの基準自体を諸外国と比較して見直すことも期待されている（池本，2013）．これについて全国学童保育協議会は，この集団規模を「30人以下」とするよう，要望している（全国学童保育連絡協議会，2017b）．

しかし，現在1か所の学童保育で登録人数が100人を超える場合も少なくない．それだけの需要があり，その人数は変えられないとしても，学童保育施設内での空間のつくり方などの工夫次第でより快適な生活をデザインすることができる可能性はある．

前述のように，現在日本の学童保育では 40 人を 1 つの単位とし，支援員 2 人以上を配置するとされている．しかし，この数字にとらわれず，可能であれば子どもたちをさらに小さなグループに分けて生活の場を確保することも試してみる価値はあるのではないだろうか．

筆者自身，学童保育施設において日々実践を行っているが，とくに小学校低学年の子どもが自分の家のようにのんびりと落ち着いた放課後を過ごすためには，施設の広さとの関係も考慮に入れる必要はあるものの，おおむね 10 人程度まで（なおかつ支援員 2 人以上）が適切であると考えている．一人ひとりが人として尊重され，丁寧に過ごすためには，こうした集団規模についても議論が必要であろう．

子どもたちの集団が大きくなると，たとえ支援員が複数人いてもなかなか目や声が届きにくくなりがちである．すると，支援員の方にも精神的余裕が無くなり，「叱る」ではなく「怒る」という感情の表出につながってしまうケースが散見される．これは必ずしも支援員個人の資質に帰する問題ではなく，構造による問題であるという側面が小さくないと考えられる．そのような環境は子どもにとっても支援員にとっても不幸なことである．そのため，意識して子どもたちの集団規模を小さくすることは問題の改善の一助になるのではないかと考える．

7.3 障害のある子どもの学童保育

障害のある子どもにとっても，家庭と学校以外の第 3 の居場所が重要である．本節ではこれについて詳しくみていこう．

7.3.1 障害のある子どもを取り巻く放課後の状況

従来，学童保育施設では障がいのある子どもの受け入れを行ってきた．厚生労働省の資料によれば，2017 年には学童保育施設全登録者数が 109 万 3,085 人であったのに対し，障害児は 33,058 人と全体の約 3％を占めており，年々その割合は増加傾向にある（厚生労働省，2018）．

こうした流れのなか，2004 年には「障害のある子どもの放課後保障全国連絡会」が発足し，国レベルでの実態調査や要求運動が進められた．2008 年の社会保障審議会障害者部会報告書では「放課後型のデイサービス」の創設が提言され，放課後等デイサービスの発足につながった（日本学童保育学会，2012）．

そのため，現在障害のある子どもの放課後には，公立学童保育施設・民間学童

保育施設（そのなかで障害のある子どもを受け入れている施設），放課後等デイサービスという3通りの選択肢があるといえる．

放課後等デイサービスは，障害のある子どもたちが放課後や学校休業日を過ごすことができる施設であり，障害児通所支援事業の1つとして実施されているものである．2012年に事業所数3,107か所，利用者数4万1,955人から，2016年には事業所数8,352か所，利用者数14万6,202人へと拡大してきた．4年間で事業所数は倍以上，利用者数は4倍以上に増加している．このように急激に増加するなか，事故やケガ，事件，虐待，公費の不法請求などの様々な問題も生じており，2016年2月の時点で，放課後等デイサービスを行う事業者に対して，不正請求等で16自治体20事業者が指定取り消しなどの行政処分を受けている（障害のある子どもの放課後保障全国連絡会，2018）．このように，事業所数の増加に「質」の面が追いつききれていない状況がみてとれる．

7.3.2 障害のある子どもの放課後を豊かにするために

従来の学童保育施設にしろ，放課後等デイサービスにしろ，大切にすべき考え方は同じであろう．障害のみに目を向けるのではなく，その子どもの「興味のあること」「好きなこと」「得意なこと」といった肯定的側面に目を向けることが大切である（障害のある子どもの放課後保障全国連絡会，2018）．

また，それぞれの特性を把握したうえで，その子がよりよく生活し，成長していくためにはどうしたらよいかという視点で，それぞれに合った支援を模索していく姿勢も大切である．

例えば，何でもすぐに忘れてしまうという子どもに専用のノートを渡し，忘れてはいけないことをメモさせ，繰り返し見るように促すことで忘れてしまうことが減った，という事例がある．これは，その子がこれからもその特性を持ったまま，社会のなかでより良く生きていくには…ということを考えた支援員がその方策として考えついたことであった．

また，障害のある子どもに，声の大きさを図で示した「声メーター」や，相手の気持ちを考えるために様々な感情を絵にして一覧にしたものなどがよく使われるが，こうした教材は障害のある子ども以外にも視覚的にわかりやすいものである．これらが会話のきっかけとなって，障害のある子とそうでない子の交流が進み，わかり合えたり，距離が縮まったりしたという事例もみられる．

このように，一人一人の子どもの特性を把握し，対話しながらそれぞれに合っ

た対応をしていくこと，そして，様々な教材を有効に利用していくことによって，障害のある子ども本人が心地良く，主体的に過ごせる場をつくっていくことが大切である．そのことが結果的に，学童保育で過ごすすべての子どもの心地良い生活につながっていくだろう．

7.4 子どものワーク・ライフ・バランスの議論から

海外の放課後事情についての著書のある池本美香は，「諸外国では，学校と放課後が，子どもにとってのワーク・ライフ・バランスのように捉えられており，ライフ（放課後）の充実がなければワーク（学業）の充実が図れないという考え方がうかがえるが，日本の放課後対策にも，『人づくり』という視点からの議論が必要である」と述べている（池本，2013）.

池本が述べているように，子どもにとっての放課後は「ライフ」すなわち，「生活」の部分であると考えることができる．日本では現在大人におけるワーク・ライフ・バランスが議論されているが，子どもにとってもワーク・ライフ・バランスは大切である．多くの大人はいかに自分の「ライフ」の部分を豊かに過ごすかという点に興味を持っているが，子どもの「ライフ」についてはどうだろうか．今回の「放課後子ども総合プラン」では，地域の方々と接するという方向性において，「人づくり」という点が意識されているとみることもできるが，「生活」という点についてはいささか心許ない.

両親が就労している家庭の子どもがその「ライフ」の時間の大半を過ごすのが，学童保育である．そのように考えると，学童保育をいかに豊かな場所にしていくか，という思考が今後さらに大切になっていくだろう．

さらに，保幼小の連携・接続を考える際には「子ども」だけでなく「保護者」についても考えることが大切である．そのことが，小学校への接続をスムーズにすることにつながると考える．

また，保育所，幼稚園と小学校といった保育・教育機関だけを視野に入れて考えるのではなく，学童保育施設も含めてデザインすることで，より柔軟で効果的な連携・接続のデザインにつながるだろう．このような視点から学童保育の内容，役割を捉え直し，さらなる質の向上に努めていくことが，子どもたちのより良い人生の実現に寄与することになると考える．

文　　献

保育園を考える親の会：「小1の壁」に勝つ，p.37，実務教育出版，2015
池本美香：子どもの放課後を考える―諸外国との比較でみる学童保育問題，pp.14-17，212-231，勁草書房，2013
糸山智栄：子どもにやさしい学童保育―学童保育の施設を考える，pp.16-18，高文研，2018
厚生労働省：平成28年放課後児童健全育成事業（放課後児童クラブ）の実施状況（平成28年5月1日現在），2018
厚生労働省，文部科学省：放課後子ども総合プランに関する自治体担当者会議【資料1】～放課後子ども総合プランについて，2014
増山均：学童保育と子どもの放課後，pp.16-17，新日本出版社，2015
文部科学省・厚生労働省：School home community．http://manabi-mirai.mext.go.jp/houkago/propulsion.html（2018年5月3日閲覧）
梨本加菜：生涯学習時代の教育制度，p.153，樹村房，2017
日本学童保育学会：現代日本の学童保育，pp.245-265，旬報社，2012
障がいのある子どもの放課後保障全国連絡会：放課後等デイサービスハンドブック―子どもたちのゆたかな育ちのために，p.22，150-151，かもがわ出版，2018
高山静子：環境構成の理論と実践―保育の専門性に基づいて，p.33，87，89，エイデル研究所，2017
全国学童保育連絡協議会：学童保育（放課後児童クラブ）の実施調査結果について，2017a
全国学童保育連絡協議会：公的責任による学童保育制度の拡充と財政措置の大幅増額を求める要望書，2017b

第8章 これからの保幼小の連携・接続

これまで各章とコラムを通じて，発達段階別の保育・教育実践と様々な課題についてみてきた．子どもたちの育ちと学びを保障するためには，円滑な保幼小の連携・接続が不可欠である．本章では，保幼小の連携・接続にかかわる基本的な概念や実践におけるポイントを整理したうえで，新たな視点を交えながら，これからの保幼小の連携・接続について考えていく．

8.1 各章の内容からみた保幼小の連携・接続の再考

8.1.1 保幼小の「連携」と「接続」とは何か

本書の主題は保幼小の連携・接続であり，ここで改めて「連携」と「接続」とは何かについて確認する．第1章においては，これまでの連携・接続の定義を検討したうえで，「接続」とは『子どもたち自身がそれまでに幼児教育で培われてきた経験や発達を基盤に小学校教育へと主体的につながろうとすることであり，同時に保育者や教員，保護者が子どもたちを小学校教育へとつなげようとする営み』であり，「連携」とは『幼児教育から小学校教育への移行を保障し，可能にするために，各個人だけではなく，保育・幼児教育機関と小学校ならびに家庭や地域，行政とが相互に協力し合うこと』という捉え方が提起されている．

ここからもわかるように，子どもたち自身が小学校教育につながろうとすること，その子どもに関わる大人が一緒につなげようとすること，という2つの側面から保幼小の「接続」を捉えることが重要である．各章で紹介された事例からも，小学校に就学する以前の子どもたちが小学校での生活に期待を持って主体的につながろうとする様子がうかがえるとともに，この主体性を育むうえで幼児教育が重要な役割を担っていることが示されている．また「接続」を円滑に進めようと協力し合う様々な組織，機関の取り組みである「連携」についても，法令の改正などにより教育行政がそれらを積極的に推進する状況となっている．

8.1.2 保幼小の連携・接続に向けた重要な視点

本書では乳児期から小学校高学年までを保幼小の連携・接続の範囲と捉え，第2章から第5章において，0～2歳（3歳未満児），3～5歳（3歳以上児），小学校低学年，小学校中・高学年の各段階における発達をもとに子どもの育ちと学びを保障するための議論が展開されている．加えて第6章では特別な支援を要する子どもについて，第7章では子どもの第3の居場所である学童保育について取り上げている．また各コラムにおいては，それぞれの現場における保幼小の連携・接続に向けた具体的な実践例が示されている．

こうした各章と各コラムの内容からは，主に2つの重要な指摘ができる．第1に子どもの発達における非認知的能力の重要性である．本書全体を通じて論じられているように，乳幼児期におけるアタッチメントの形成と基本的信頼感の獲得が子どもに精神的安定をもたらし，こうした安心感を基盤に，子どもは周囲の人や物などに意識を向け，集中して遊ぶことができる．集中して遊ぶなかでよりいっそう環境への興味や関心が生まれ，情動の発達も促進されていく．このように乳幼児期を通じて，子どもが遊びのなかで自己を知り，他者と関わりながら関係を築き，児童期における小学校での生活への適応と学び合いへとつながることで，教科学習の核となる認知的能力の育成が支えられる．こうしたプロセスが子どもの育ちと学びの連続性といえる．

それゆえ第2に，保育者や教師には子どもの自立や自発性を促し，子どもの主体性を尊重する姿勢を持って実践にあたることが求められている．この点については本書の各章と各コラムにおいても，それぞれの発達段階において，子どもの育ちと学びを育むための環境づくりや教科の指導法が取り上げられている．

8.2 子どもの育ちと学びの連続性を保障する

8.2.1 子どもの育ちと学びの基盤となる非認知的能力

先述したように，「非認知的能力」は保幼小の連携・接続の核となると同時に，子どもの育ちと学びの連続性を保障するうえでも重要となる．経済学者であるヘックマンは，著書『子ども達に公平なチャンスを』（Heckman, 2012／邦訳 2015）において，人間の能力を認知的能力，非認知的能力という2つに大別している．そして身体的・精神的健康，根気強さ，注意深さ，意欲，自信といった社会的・情動的性質は，人の成長において欠かせない能力であると述べ，これらを「非認知的能力」と呼んでいる．こうしたヘックマンの主張は，貧困家庭への教育的介

入——「ペリー就学前プロジェクト」といわれる幼児教育のプログラム——の結果に基づいている．

このプログラムは，経済的に恵まれない3歳から4歳のアフリカ系アメリカ人の子どもたち123名を，実験対象グループ（午前中は幼稚園で過ごし，午後は教師が家庭訪問を行う）と統制グループ（幼稚園にも行かず，他の教育介入も行われない）に分け，3～4歳時期に幼児教育を受けた経験の有無が生涯にわたってどのような影響をもたらすかについて調査したものである．その追跡調査は約40年間にわたり，教育的介入を受けた対象グループの子どもたちと，何も受けなかった子どもたちとの間に経済面や生活の質に差が生じるか否かについて分析が行われた．

その結果，40歳になった時点での比較において，教育的介入を受け，3～4歳時期に幼児教育を受けたグループに所属していた方が高校卒業率や持ち家率，平均所得が高く，婚外子を持つ比率や生活保護受給率，逮捕者率が低いという差異が認められた．これらの結果について，ヘックマンは脳科学の視点からも分析し，就学前に行われた幼児教育が学習意欲を高めることに効果をもたらし，それがIQや将来の生活にも影響したと指摘している．

そして，ヘックマンは「第一に人生で成功するかどうかは，認知的能力だけでは決まらない．非認知的要素，すなわち，身体的・精神的健康，根気強さ，注意深さ，意欲，自信といった社会的・情動的性質もまたかかせない．（中略）非認知的な性質もまた社会的成功に貢献しており，それどころか，認知的な到達度を測定するために使われる学力テストの成績にも影響する．第二に，認知的能力も社会的・情動的能力も幼少期に発達し，その発達は家庭環境によって左右される．…第三に，幼少期の介入に力を注ぐ公共政策によって，問題を改善することが可能だ．…これらから，認知能力と非認知要素の両方が重要であり，それらは家庭環境に左右されるが幼少期の発達が著しいこと，経済学の立場から幼少期の投資がより費用対効果が高い」（ヘックマン，2015＝2012；p.10から一部抜粋）と述べている．

8.2.2　子どもの育ちと学びを阻む「子どもの貧困」

ヘックマンが指摘しているように，教育は子どもの将来に与える影響が大きく，その教育には各家庭に加えて公的な保障も必要である．実際に，現実の社会における生活は格差が存在しており，なかでも子どもの貧困は世界的な問題となって

いる．生活とは生きて活動することであり，現代社会を生きる一般的な成人にとっては，収入を得て，衣食住など生命維持に必要な条件を満たし，他者と様々な関わりを持ち，文化に触れながら，家族や社会の一員としてよりよく生きることを意味している．身体的・精神的・社会的健康には，家庭の安全を確保する必要があり，そのためには健康的な食生活や文化的な生活を送るための費用も必要となる．お金が幸せの絶対条件ではないが，貧困が健康，教育，職業に影響することは否定できない．

とりわけ近年の日本では，子どもの習い事や塾を含めた教育費の支出が家計に占める割合が高い傾向にあり，家庭の経済的基盤が子どもの健康，教育に影響を与えやすい．子どもの様々な可能性を特定の子どもだけが奪われてしまうという点に子どもの貧困の問題がある（阿部，2008）というように，子どもが生まれた家庭の経済環境が悪ければ，健康で文化的な生活を送ることが難しくなる．勉強やスポーツなどで子どもが目指す進路があっても，貧困によってその可能性が奪われてしまうことにもなりかねない．加えて子どもの貧困は，その子どもたちが大人になったときにも貧困家庭となりやすく，社会的流動性が促進されなくなってしまう可能性がある．

2015年の日本の子どもの貧困率（17歳以下）は13.9％，ひとり親など大人1人の世帯に限ると54.6％となっており（厚生労働省，2016），先進国のなかでは圧倒的に高い状況である．この解決においては所得の再分配によって格差を是正しようという方法がとられるが，ヘックマンのように，恵まれない子どもの幼少期の生活改善（事前分配）の方が適切であり，幼児教育によって非認知的能力を育むことが生涯にわたる生活に大きく影響すると主張する経済学者もいる．

それゆえ今後の保幼小の連携・接続においては，子どもの貧困も踏まえたうえでの具体的な政策や実践が課題となるだろう．その際，保幼小の時期も含め，生涯にわたって心の安定を得て，生活の質を高め，よりよく生きるために何が必要かと問う必要がある．また同時に，それぞれの発達段階における保育・教育機関での学びによってどのような支援ができるかという視点も重要となる．なぜなら子どもたちは保育・教育機関において学ぶ立場であると同時に，その人生においては充実した生を送る生活者でもあるからである．

本章8.1節で述べたように，保幼小連携・接続においては子ども自身が小学校教育に向けてつながろうとする心や姿勢を育むことが大切であるが，この心持ちは自然発生的に生まれるのではなく，保育所や幼稚園などの園生活や家庭におけ

る生活における遊びと学びを通じて培われる．人間は赤ちゃんのときは食事，排泄，着替えなどを周囲の助けによって行うが，次第に身の周りのことができるようになり，そのなかで自立心と生活する力を身につけることによって，より自立した生活を行うようになる．このときに重要なのは安心・安全な生活の下での心の安定である．そのため，子どもの生活の中心となる家庭が経済的基盤をはじめ心の安定を得られるものであり，それが保育・教育機関における遊びや学びにつながるように考慮することが望ましい．

8.3 学びに向かう力を育む

これまで述べてきたように，「非認知的能力」は遊びや生活を通して育まれ，生涯にわたって様々なことを学んでいく際の基盤となることから，遊びと学びを支える力であり，学びに向かう力ともいえる．すなわち学びに向かう力は，子どもが幼児期に夢中になって遊び，遊びのなかでの様々な学びを促進すると同時に，小学校での生活や教科学習に意欲的に取り組むことを後押しするものである．

この学びに向かう力には，からだの育ちと心の育ちという大きく2つの側面での育ちが重要となる．そこで本節では，この2つの側面の育ちに着目して，保幼小の連携・接続について考えてみたい．

8.3.1 からだの動きの育ちのプロセス

（1）からだの動きの育ちのプロセス

個々の能力に応じて生活に必要な動作を獲得していくことは，学びへと向かう際にそれを支える基本的な発達の基盤となると同時に，生涯にわたってとても重要な側面でもある．

まず，からだの動きの育ちについて，その流れを押さえておこう．生まれてから1か月の間を新生児期というが，この時期から人間は自身のからだをコントロールする能力を部分的に獲得しながら，およそ1年かけてひとりで歩くことができるようになる．ひとりで歩くようになるまでの一般的なプロセスは，まず首がすわり，寝返りが打てるようになり，ひとり座り，はいはい，つかまり立ちを経て，ひとり歩きという順に動きが獲得される．なかには，はいはいをせずに歩くようになる場合もある．

また寝ているときや座っているときの子どもは，手伸ばし（リーチング）をして，何かをつかもうとする．これは手先の運動や移動運動の発達につながる．このような運動は自然に生じるのではなく，周囲の大人からの働きかけや物的環境

によって，子ども自身のからだの一部を動かすことが促され，そうした運動の積み重ねによって様々な動きが獲得される．そのため子どものからだを支えたり，安全な環境を整えることによって子どものつかまり立ちやはいはいといった様々な動作を引き出していくことが重要である．例えば家族が声をかけたり，音の出る玩具を鳴らすと，寝たままの赤ちゃんは首をそちらに向ける．

　運動に伴う心の変化も育ちの重要な側面である．子どもがはじめて寝返り，はじめてつかまり歩きをする様子を観察すると，子ども自身のやり遂げようという強い意志を感じることができる．また寝返りやつかまり歩きができたときの子どもの表情や声からは，感情の極まった高まりを体験していることがわかる．このような感情の高まりは，有能さ（コンピテンス）の認識と強く関わっている．遊びや生活の中で子どもが意図的に運動することによって子ども自身を含めた環境に変化が生じる．子どもはその環境の変化を感じ，自分が環境に影響を及ぼすことのできる有能な存在である（コンピテンス）と認識するとともにポジティブな感情が生じる．このような体験の積み重ねは，からだを動かすことの楽しさを子どもに感じさせるとともに様々な育ちの基盤となる．手の運動が発達し，手先が器用になると，知的発達に伴いお絵描き，ブロック遊び，ごっこ遊びなど様々な遊びができるようになり，遊びを通して言葉の獲得や他者との関わりが促され，知的能力，対人関係能力などが身についていく．手の操作が中心の段階から，次第に歩く，走るといった移動運動ができる段階になると，子どもの環境が広がり，コンピテンスを得られるような体験を求めて多様な遊びをするようになっていく．

　幼児期から児童期にかけての子どもは遊びや生活の中で運動することによって，様々な運動パターンを獲得し，次第に複雑な動作も身につけていくようになり，その結果，複雑な運動スキルを習得しやすくなる．運動スキルとは特定の環境で巧みにからだを動かすことのできる能力である．いろいろな動作を獲得しやすいということは，子どもの立場からみると，「できた！」「できるようになった！」という体験をしやすく，コンピテンスを高めることにもつながる．

　一方，児童期における10歳前後の子どもは，神経系の発達および体力がからだをうまくコントロールできるように高まることで，難しい動作を1回見ただけで模倣できる能力を持つ（即座の習得）と考えられている．このような特徴から，この時期はゴールデンエイジと呼ばれる．幼児期からゴールデンエイジまでの期間はプレゴールデンエイジと呼ばれ，この時期の過ごし方がゴールデンエイジに影響すると考えられている．

(2) からだの動きの育ちから遊びと学びを考える

これまで述べてきたように，乳幼児期から児童期にかけてからだの動きが著しく発達し，子ども自身も自分の意思で自分のからだを思うように動かすことができ，様々な遊びや運動を楽しむことができるようになっていく．そのため周囲の大人は，このからだの動きの発達が著しい幼児期から児童期にかけて，「子どもに多様な運動を経験させたい」「より複雑な運動をやらせてみたい」「もっと運動させて神経系の発達を促したい」といった考えを強く抱いてしまうことがある．しかしこうした大人の考えに基づく指導は，子どもにとってはやりたくないことをやらされ，怖い思いをし，つらい思いをした経験になる可能性も高く，運動が嫌いになる子どもは現実に存在している．

ここで忘れてはならないことは，幼児期から児童期はじめ（小学校低学年）の運動は「遊び」として行われるという点である．遊びの研究者であるカイヨワ（Caillois, 1958／邦訳 1990）は，遊びは自由な活動であり，自発性によって成立すると指摘しており，幼児期から児童期はじめ（小学校低学年）の運動においても子どもの自発性が何より重要となる．

例えば，テレビでオリンピックの体操をみた幼児が保育所や幼稚園などで巧技台を組み立ててオリンピック選手の真似をしたり，鉄棒で逆上がりをしようとするのは遊びであるが，やりたくない子どもに大人が鉄棒の技を無理にやらせると遊びではなくなる．また，子どもは高いところから飛び降りることを好むが，このときの子どもは自分で降りられそうな高さを認識したうえで，「できるかな」「ちょっと怖いな」という葛藤も抱きながら自分で挑戦する高さを決めながら飛んでいる．そして年上の子どもがさらに高いところから飛び降りるのを見て，「すごいなー」と思いながら自分の挑戦レベルを上げていく．このような活動は遊びであり，自発的に行われており，ワクワクする感覚を楽しむことができるが，本人の意思に関係なく大人が強制して飛ばせることは恐怖体験になりかねない．そのため，小学校低学年における運動指導においても，「運動遊びの自発性」という視点を忘れてはいけない．

この点に関連して，ドイツの例を紹介しよう．ドイツのハイデルベルク大学では「バルシューレ」という幼児向けの運動プログラムを作成し，近隣の子どもたちに提供している（図 8.1）（Roth, 2015）．これは子どもたちのコンピテンス，運動能力，プレイ力を高めることが主な目的であり，トレーニング科学を専門とするクラウス・ロート教授が中心となって始められた活動である．この活動は運動実

施とともに，プログラムの効果として運動能力など測定された結果が研究会で検討しながら進められる．日本国内の園内での運動指導プログラムとは実施形態，方法が異なるので，両者の効果についての比較はできないが，筆者がドイツで1年にわたり実際の運動指導場面，研究会に参加した内容からは，バルシューレ・ハイデルベルクの運動プログラムでは強制的な指導は行われておらず，子どもの主体性を育みながら運動能力を高めるような活動となっていた．このように共有する目標のために様々な立場の専門家が協力し，実践について話し合い，改善しながら次の実践につなげることでよい成果が得られるといえる．

図8.1 ハイデルベルク大学におけるバルシューレ・プログラムの様子（杉山撮影：Klaus Roth 氏の許可を得て掲載）

8.3.2 子どもの集中の大切さ

次に，学びに向かう力のもう1つの側面である「心の育ち」に着目して，保幼小の連携・接続をみていく．特に，ここでは子どもが集中することの重要性について考えたい．子どもたちは保育所や幼稚園などの就学前の保育・教育機関において，遊びを中心とした生活を送るなかで様々なことを学んでいる．子どもが遊ぶ姿は真剣そのものであり，遊んでいるときの子どもは夢中になって没入している状態といえる．このように夢中になって集中した状態は「フロー」ともいわれる．フローとは「全人的に行為に没入している時に人が感ずる包括的感覚」とされる（Csikszentmihalyi, 1975／邦訳 2000）．

一方，小学校に入学すると，遊びを中心とした生活から一変し，学校での生活は各教科の学習が中心となる．ここに子どもが小学校教育への移行に戸惑う1つの要因がある．遊びと学びは子どもから見ればほとんど区別がない（佐伯, 2004）という指摘があるように，遊びと授業は，ともに興味を持つことが重要であり，主体的に取り組むという点では自己決定的に活動することといえる．このように主体的に取り組むような行動が生じるためには「内発的動機づけ」が重要となる．

動機づけとは人が何らかの理由によって行動する過程を意味する．行動する理由となる動機には数多くの種類と分類がなされているが，伝統的に「内発的動機

づけ」と「外発的動機づけ」という2つの対立する分類方法がある．
　内発的動機づけとは，動くのが楽しいからハイハイをする子ども，シャベルと水を使って砂を加工し変化していくのがおもしろいから砂遊びをする子ども，コマ回しがうまくなっていくのが楽しくて幼稚園で朝からひたすらコマをまわし続ける子どもにみられるように，活動することによって楽しさ，おもしろさ，うまくなることを感じたいために活動する事象を指す．この際，活動すること自体が目的となっている．内発的動機づけをもたらす要素は，成就（うまくなること），知的好奇心（どうしてだろう，わかったという感覚），感覚刺激（動くことの気持ちよさ）などであり，これらを満たすことによって，有能感（コンピテンス）を感じると考えられている．
　それに対し，先生に言われて掃除をする，嫌いな運動だがやらないと恥をかくから仕方なくやる，いい成績をとれば新しいゲームを買ってもらえるから勉強するというケースがある．このような状況では，活動すること自体が目的ではなく，活動とは本来関係のない報酬を得るための手段として活動がなされている．このように活動に関連のない外的な報酬を得るために行動が生じる事象は外発的動機づけと呼ばれている．
　内発的動機づけと外発的動機づけは従来，対立する概念と捉えられていたが，近年，自己決定の程度（自律性）という視点から両者の関連について再検討がなされた．自律性が最も高いのは内発的動機づけである．人が何かに興味を持って活動することは，他者による強制ではなく，自分自身が決定しているからである．外発的動機づけは自律性の程度によって，外的調整（報酬のため，やらされてやる），取入れ的調整（やらないと恥をかくからやる），同一視的調整（やることに意義を感じてやる），統合的調整（やることと自分の欲求，価値観が調和する）という4つの段階に分類され，自分の意思の関与が順に高くなり，同一視的調整では自律性が高くなる．そのため自己決定という視点から外発的動機づけの働きの重要性も指摘されている．
　就学前の子どもの活動では，多くの場合，自分で好きな遊びを決めてそれに集中して取り組み，その中で多くのことを学んでいく．しかしながら小学校では活動を自分で決めるわけではなく，あらかじめ決められている．特に小学校の各教科では様々な内容を学ぶことが求められる．子どもたちは，すべての内容に対して"楽しそう"，"面白そう"と感じるわけではない．そのため，導入（はじめ）の段階でいかに課題に興味を持たせるかが重要であり，活動そのものに集中するこ

とはその結果として生じる．子どもたちは小学校に入学する以前に，"楽しそう"，"面白そう" と興味を抱き，夢中になって遊び，あっという間に時間が過ぎていくという経験，すなわち集中することを体験していることから，小学校においてもワクワクする気持ちを持たせることから始めることによって，集中して内容に取り組めるように方向づけることができるだろう．ここに，外発的動機づけから内発的動機づけにつながる指導のポイントがある．

また，教科学習において外発的動機づけが主な原動力となるのはネガティブな意識によることが大きい．子どもたちの中には，この内容は「やりたくないけど」，「つらいけど」，「おもしろくないけど」，「授業だから」，「先生に言われて」，「やらないといけないから」，頑張ってついていこうとする子もいる．外発的動機づけによって頑張る子どもである．そのようなネガティブな意識を高めないように，やってみたいという興味・関心を高めることが重要なポイントとなる．小学校では単元における導入の段階で子どもたちのレディネスをよく把握する．その際，話合い，聞き取り，アンケートなども活用できる．そのうえで，単元のはじめには，やさしい内容，方法で授業を行い，子どもたちの達成度を把握しながら，よりレベルの高い内容にしていくような学習過程の工夫が必要である．特に毎回の授業では，「できた！」「わかった！」「おもしろい！」といった感情を得るような活動，すなわちフロー体験ができるような授業づくりが求められる．

このとき活動に際しての言葉かけも重要なポイントとなる．教師は個々の子どもに対し，活動によってレベルが上がったことをフィードバックし，能力が高まったことを意識させるとともに，成果だけでなく，一生懸命やったこと，努力することで能力はさらに高まることを伝えることも大切である．"褒めて伸ばす" ということがよく言われるようになっているが，褒め方にも考慮が必要である．多くの研究で，頑張ったことを褒めることが重要であることが指摘されている．人は大別すると2つの信念を持つと考えられている（Dweck, 2006／邦訳 2016）．1つは成長的信念（growth mindset）であり人の能力は努力しだいで伸ばせるという考え方，もう1つは固定的信念（fixed mindset），すなわち努力しても人の能力は変わらないという考え方である．努力を褒めることは子どもの持つ成長的信念を刺激するが，能力だけを褒めることは子どもの固定的信念を刺激し，子どもは失敗して能力の低さを見られたくないと考え，失敗する可能性の高い難しい課題への挑戦をしなくなってしまうことが指摘されている．主体的に学ぶ姿勢を育むためには，努力によって能力が伸びることを子どもに伝え，課題に集中して他

者との比較よりも自分自身の能力向上に注目させることが大切であり，教師の言葉かけに工夫が求められる．

また，チクセントミハイによって提唱されたフローモデルでは，子ども自身の能力と課題のレベルがマッチしたときにフローが生じ，子どもの能力が高まるにつれて課題のレベルを上げることによってフロー状態を持続することが可能となる（図8.2）．このモデルからは，その時々の子どもの状態に応じて課題のレベルを調整することが保育者や教員に求められるといえる．

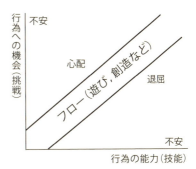

図 8.2　フロー状態のモデル（チクセントミハイ，1975：p.86）

例えば保育所や幼稚園などの就学前段階においては，これまでと同じように遊びに集中できるような環境づくりが重要であり，環境を通した教育と遊びを通した総合的な指導の充実がより一層求められる．一方，小学校における教科においてはフロー状態を引き出せるような授業づくりが求められる．図8.2に示したようにフローは課題と活動のレベルがフィットしたときに生じ，能力に比べてレベルが高いと不安になり，能力に比べて課題のレベルが低いと退屈してしまう（Csikszentmihalyi, 1975／邦訳2000）．子どもの能力は学びによって高まることから，能力の高まりに応じて課題のレベルも上げる必要がある．そのため授業においては，子どもの能力と活動のレベルが調和するように課題を設定すると同時に，教師が子どもの能力の高まりに応じて活動のレベルを高めていく工夫が必要である．子どもが疑問に思い，自ら探究しようとする意欲を生むような授業の導入や興味を持たせるための教材の工夫が必要となる．

これまで述べてきたように，「興味」や「集中」は遊びと学びにとって共通して重要であり，学びに向かう力となる．よってこの「興味」や「集中」といった学びに向かう力をもとに，就学前に幼児教育において育まれた集中力が小学校教育における教科学習においても学びのスタイルとして継続できるような配慮がこれからの保幼小の連携・接続を考えるうえでの重要な視点となるだろう．

8.4　省察的実践家としての教師

保幼小の連携と接続については，これまでも各地で様々な取組みが行われてい

るが，学校文化の違いを超えて保育者と教師の意識を共有していくことや多忙な業務における効率的な体制づくりなどは今後もよりいっそう重要な課題となるだろう．そのため，これから保育者や教師を目指す学生には子どもの発達について学び，連携・接続に関わる知識を得て，視野を広げることが求められる．その際，すでに各章においても述べられているように，子どもを理解するためには，今，目の前にいる子どもという一時点だけではなく，その子どもの過去から現在の子どもの姿を読み解き，そうしたプロセスを経た今の子どもの姿から，その子どもの将来を考えることが必要である．さらに場面や活動によって子どもの様子は異なることがあるということ，行動の原因を複合的にみるという視点を持つことも重要である．なかには場面緘黙（かんもく），学習障害など，専門家や様々なスタッフと協力して柔軟に対応する必要のある子どもがいる．子どもの育ちと学びを保障するためには，個々の子どもの能力に応じた指導が必要であり，保育者や教師が一人で問題を抱えこむのではなく，他者（保護者や同僚，専門機関）と協力することも必要となる．

　また，保育者，教師は子どもの指導にあたる専門職という立場であるが，この仕事を続けると，子どもや保護者から「先生，先生」と呼ばれ続け，そのうち，自分が子どもの指導者として絶対的な存在であると思う人もいるかもしれない．自分は何でも応え，対応しなくてはいけないと考える人もいる．実際，従来の専門職像では，ジャンルを問わず医療，工業，教育など様々な分野において，専門家は高度な専門的技術を持っており，現場で生じる問題にその技術を持って対応する絶対的な存在と捉えられていた．

　しかしながら，どのような現場であっても想定外の出来事は生じ，常に変化する状況のなかで問題を解決するためには柔軟な対応が必要となる．そのため一人の専門家だけでなく，様々な知識・技能を持つ専門家が協動して問題解決にあたることも考慮したい．すなわち状況に応じて問題点を見出し，事態を振り返りながら対応し，それを積み重ねていく者こそが専門家といえる．こうした専門家のあり方について，ドナルド・ショーンは，伝統的な専門家（Expert）に対し，状況における問題を省察しながら実践し，成長していく省察的実践家（Reflective Practitioner）を位置づけ，専門職の新たな方向性を示している（表8.1）．

　ショーンは教師について次のように述べている．「〈わざを豊かにもつ〉教師は，子どもが読み学習でつまずくとき，それを子どもの欠点としてではなく，『自分自身の教え方』に問題があるととらえる．したがって教師は，生徒を困らせている

8.4 省察的実践家としての教師

表8.1 専門家と省察的実践家（ショーン, D.A, 1983）

専門家（Expert）	省察的実践家（Reflective Practitioner）
自分では不確かだと思っても，知っていることを前提にされており，知っている者としてふるまわなければならない.	知っていることを前提にされているが，私だけがこの状況下で，関連する重要な知識を持つ人間なのではない．私が不確かであることは，自分にとっても相手に対しても学びの機会になりうる.
クライアントと距離を置き，専門家の役割の保持につとめるのがよいだろう．クライアントに，自分が専門家であることを理解させると共に，「甘味料」のような温かさと共鳴の感情を伝えるとよい.	クライアントの考え方や感情を知るよう努めてみよう．置かれている状況のなかで，クライアントが私の知識を発見し，その知識に敬意を示してくれるのならば，喜んで受け入れよう.
クライアントからの反応のなかに，プロフェッショナルである私の社会的人格に対し，服従と尊厳の気持ちがあるかどうかを探してみるとよい.	自由な感覚およびクライアントとの真の結びつきを探求してみよう．プロフェッショナルとしての体裁を取り繕う必要はもはやないのだから.

ものは何かを説明するすべを見つけなければならない．（中略）教師は新しい方法を考案し，『新しい方法を発見する能力を自分自身の中で開発していくよう努力し続け』なければならないのである.」(p.68).

このように保育者や教師には，省察的実践家としての認識が求められる．"自分は資格を持った専門家であるから，長年の経験があるから，間違いはしない"といった誤った認識を持つと，自分のやり方を高く評価し，状況における問題を把握することができず，柔軟な対応もできない．むしろ実践のなかで問題を把握し，子どもや他の専門家と協力しながら，よりよい実践をしていくこと，すなわち自己の実践を省察しながら実践を積み重ねることが真の専門家である．ショーンは，「多くの実践者は，自分たちは技術的熟練者であるという見方にとらわれて，実践の世界の中に省察をおこなう機会を見つけられないでいる」と指摘している(p.71)．ここでいう省察は，問題の発見とその解決方法を指し，経験の有無によらず，第三者の意見を取り入れていることであり，そのような姿勢を持つことが省察的実践者として成長するために不可欠となる．また他者の実践によい提案をすることも重要である．ただしベテランだからといって自分のやり方を一方的に押し付けるようなやり方は省察する必要がある．

保幼小の連携と接続は，様々な専門家が関わる営みであり，それぞれの専門性が葛藤を生むこともあるだろう．しかし専門性が多岐にわたる他者だからこそ，よいアイディアも生まれやすく，そこにこそ協働して取り組む意義がある．すべての保育者と教員が省察的実践家として関わり，新たな保幼小の連携と接続につ

なげることが望まれる.

文　　献

阿部彩：子どもの貧困―日本の不公平を考える，岩波書店，2008
チクセントミハイ，M.（著），今村浩明（訳）：楽しみの社会学 改題新装版，思索社，2000［原著／Csikszentmihalyi, M.：Beyond Boredom and Anxiety：Experience Flow in Work and Play, Jossey-Bass, 1975］
カイヨワ，R.（著），多田道太郎，塚崎幹夫（訳）：遊びと人間，講談社，1990［原著／Caillois, Roger：Les Jeux et les Hommes［Le masque et le vertige］, édition revue et augmentée. Gallimard, 1967（original 1958）］
ドゥエック，C.S.（著），今西康子（訳）：マインドセット「やればできる！」の研究，草思社，2016［原著／Dweck, C.S.：Mindset：The New Psychology of Success, Ballantine Books, 2006］
ヘックマン，J.J.（著），古草秀子（訳）：幼児教育の経済学，東洋経済新報社，2015［原著／Heckman, J.J.：Giving Kids a Fair Chance, The MIT Press, 2012］
厚生労働省：平成28年　国民生活基礎調査概況，2016
Roth, K., Koeger, C. Ballschle: Ein ABC fuer Spielanfaenger, Hofmann-Verlag, 1999
佐伯胖：「わかり方」の探求―思索と行動の原点，小学館，2004
ショーン，D.A.（著），柳沢昌一，三輪健二（監訳）：省察的実践とは何か―プロフェッショナルの行為と思考，鳳書房，2007［原著／Schön, D.A.：The Reflective Practitioner：How Professionals Think in Action, Basic Books, 1983］

索　引

あ　行

アクティブラーナー　69
アスペルガー症候群　96
遊び　16
　　——を通した総合的な指導
　　　　5, 38
　　——を通した学び　59
アタッチメント　17
　　——の形成　24
アプローチカリキュラム　50
安心感　20

1歳以上3歳未満児　20
意欲　19

応答的な関わり　20, 24
音楽科　76

か　行

学習指導要領　3, 60
学習障害　97
学童保育の環境　115
歌詞譜　81
学校生活支援シート　100
学校生活への適応　65
学校文化　58
カリキュラムデザイン　60
カリキュラムマネジメント　16
環境　17
　　学童保育の——　115
　　主体的に取り組める——　92
　　——を通した教育　5, 38
環境移行　58
間接比較　90

基本的信頼感　24
教育課程　102
教育観　58
教科学習　130
協同性　38
協同的な学び　67

経験　16

合科的・関連的な指導　61
高機能自閉症　96
厚生労働省　107
広汎性発達障害　96
心の安定　125
子ども家庭支援センター　74
子ども・子育て支援新制度　18
子どもの貧困　123
5領域（健康・人間関係・環境・
　　言葉・表現）　19

さ　行

3歳以上児　37
3歳未満児　16
算数科　89

自覚的な学び　59
視覚優位　96
自己肯定感　17, 20, 24
自己制御　18
資質・能力　58
自主性　25
自尊心　18
指導計画　42, 43
児童相談所　74
自閉症　96
就学支援シート　100

就学相談　98
集中　128
集中力　25
授業観　57
授業研究会　61, 68
主体性　25
主体的な学び　34
主体的に取り組める環境　92
小1の壁　107
小1プロブレム　59, 73
障害者差別解消法　93
障害のある子ども　117
障害の特性　100
小学校　108
　　——の授業　89
小学校学習指導要領　4
小学校入学　110
省察的実践家　132
少子高齢化社会　93
情緒的な結びつき　24
信頼感　17
信頼関係　27

数学的な表現　89
数量への関心と指導　53
スタートカリキュラム　59, 74
スタートプログラム　74
ストレスマネジメント　97

生活科　61, 74
生活上の自立　65
生活をつなぐ　10
精神的な自立　65
精神的な結びつき　24
全体的な計画　42

ソーシャルスキルトレーニング

97
育ちの連続性　16

た　行

第1学年　91
第3の居場所　109, 117
対話的な学び　34
短期指導計画　43

知的障害　96
注意欠陥多動性障害　97
聴覚の過敏性　96
長期指導計画　43
直接比較　90

通常学級　98

ティーム・ティーチング　98

特殊教育　102
特別支援学級　98
特別支援学校　98
特別支援教育　102
特別支援コーディネーター　74
特別な支援を必要としている子ども　93
努力　19

な　行

内発的動機づけ　129

乳児　20
乳児期　21

乳児保育　20
任意単位　90
忍耐力　18
認知的能力　17
認定こども園　33
認定こども園園児指導要録　36, 51

は　行

発達障害　94, 96
発達の連続性　16

PDCAサイクル　16, 42
非認知的能力　17, 24, 59
広さ比べ　91

普遍単位による比較　90
フロー　128

保育所　29
保育所児童保育要録　32, 51, 58
保育所保育指針　18, 37
放課後　107, 108, 118
放課後型のデイサービス　118
放課後子供教室　107
放課後子ども総合プラン　107, 119
放課後児童クラブ　107
放課後等デイサービス　118
保護者支援　111
保幼小の連携　76
保幼小の連携・接続　3, 109

ま　行

学び　16
　遊びを通した──　59
　協同的な──　67
　自覚的な──　59
　主体的な──　36
　対話的な──　36
　──に向かう力　125
　──の自立　65
　──の芽生え　21, 28
学び観　57

味覚の過敏性　96
民謡　80

や　行

養護　20
養護と教育の一体性　20
幼児期の終わりまでに育ってほしい姿　5
幼稚園教育要領　37
幼稚園幼児指導要録　51, 58
幼保連携型認定こども園園児指導要録　36, 51
幼保連携型認定こども園教育・保育要領　37

わ　行

ワーク・ライフ・バランス　119
わらべうた　75

編者略歴

高櫻綾子
たかざくらあやこ

2011年　東京大学大学院教育学研究科
　　　　博士後期課程修了
　　　　日本女子大学家政学部専任講師を経て
現　在　青山学院大学教育人間科学部准教授
　　　　博士（教育学）

子どもが育つ　遊びと学び
―保幼小の連携・接続の指導計画から実践まで―　定価はカバーに表示

2019年4月1日　初版第1刷

編　者　高　櫻　綾　子
発行者　朝　倉　誠　造
発行所　株式会社　朝　倉　書　店
　　　　東京都新宿区新小川町6-29
　　　　郵便番号　162-8707
　　　　電話　03（3260）0141
　　　　FAX　03（3260）0180
　　　　http://www.asakura.co.jp

〈検印省略〉

Ⓒ 2019〈無断複写・転載を禁ず〉　　　教文堂・渡辺製本

ISBN 978-4-254-65007-5　C 3077　　Printed in Japan

JCOPY　〈出版者著作権管理機構　委託出版物〉

本書の無断複写は著作権法上での例外を除き禁じられています。複写される場合は、
そのつど事前に、出版者著作権管理機構（電話 03-5244-5088, FAX 03-5244-5089,
e-mail: info@jcopy.or.jp）の許諾を得てください。

慶大 渡辺　茂・麻布大 菊水健史編
情動学シリーズ1
情動の進化
―動物から人間へ―
10691-6 C3340　　　　A5判 192頁 本体3200円

情動の問題は現在的かつ緊急に取り組むべき課題である。動物から人へ，情動の進化的な意味を第一線の研究者が平易に解説。〔内容〕快楽と恐怖の起源／情動認知の進化／情動と社会行動／共感の進化／情動脳の進化

広大 山脇成人・富山大 西条寿夫編
情動学シリーズ2
情動の仕組みとその異常
10692-3 C3340　　　　A5判 232頁 本体3700円

分子・認知・行動などの基礎，障害である代表的精神疾患の臨床を解説。〔内容〕基礎編（情動学習の分子機構／情動発現と顔・脳発達・報酬行動・社会行動），臨床編（うつ病／統合失調症／発達障害／摂食障害／強迫性障害／パニック障害）

学習院大 伊藤良子・富山大 津田正明編
情動学シリーズ3
情動と発達・教育
―子どもの成長環境―
10693-0 C3340　　　　A5判 196頁 本体3200円

子どもが抱える深刻なテーマについて，研究と現場の両方から問題の理解と解決への糸口を提示。〔内容〕成長過程における人間関係／成長環境と分子生物学／施設入所児／大震災の影響／発達障害／神経症／不登校／いじめ／保育所・幼稚園

都医学総研 渡邊正孝・京大 船橋新太郎編
情動学シリーズ4
情動と意思決定
―感情と理性の統合―
10694-7 c3340　　　　A5判 212頁 本体3400円

意思決定は限られた経験と知識とそれに基づく期待，感情・気分等の情動に支配され直感的に行われることが多い。情動の役割を解説。〔内容〕無意識的な意思決定／依存症／セルフ・コントロール／合理性と非合理性／集団行動／前頭葉機能

名市大 西野仁雄・筑波大 中込四郎編
情動学シリーズ5
情動と運動
―スポーツとこころ―
10695-4 C3340　　　　A5判 224頁 本体3700円

人の運動やスポーツ行動の発現，最適な実行・継続，ひき起こされる心理社会的影響・効果を考えるうえで情動は鍵概念となる。運動・スポーツの新たな理解へ誘う。〔内容〕運動と情動が生ずる時／運動を楽しく／こころを拓く／快適な運動遂行

東京有明医療大 本間生夫・帯津三敬病院 帯津良一編
情動学シリーズ6
情動と呼吸
―自律系と呼吸法―
10696-1 C3340　　　　A5判 176頁 本体3000円

精神に健康を取り戻す方法として臨床的に使われている意識呼吸について，理論と実践の両面から解説。〔内容〕呼吸と情動／自律神経と情動／香りと情動／伝統的な呼吸法（坐禅の呼吸，太極拳の心・息・動，ヨーガと情動）／補章：呼吸法の系譜

味の素 二宮くみ子・玉川大 谷　和樹編
情動学シリーズ7
情動と食
―適切な食育のあり方―
10697-8 C3340　　　　A5判 264頁 本体4200円

食育，だし，うまみ，和食について，第一線で活躍する学校教育者・研究者が平易に解説。〔内容〕日本の小学校における食育の取り組み／食育で伝えていきたい和食の魅力／うまみ・だしの研究／発達障害の子供たちを変化させる機能性食品

国立成育医療研 奥山眞紀子・慶大 三村　將編
情動学シリーズ8
情動とトラウマ
―制御の仕組みと治療・対応―
10698-5 C3340　　　　A5判 244頁 本体3700円

根源的な問題であるトラウマに伴う情動変化について治療の視点も考慮し解説。〔内容〕単回性・複雑性トラウマ／児童思春期（虐待，愛着形成，親子関係，非行・犯罪，発達障害）／成人期（性被害，適応障害，自傷・自殺，犯罪，薬物療法）

SOMEC 福井裕輝・岡田クリニック 岡田尊司編
情動学シリーズ9
情動と犯罪
―共感・愛着の破綻と回復の可能性―
10699-2 C3340　　　　A5判 184頁 本体3200円

深刻化する社会問題に情動研究の諸科学はどうアプローチするのか。犯罪の防止・抑止への糸口を探る。〔内容〕愛着障害と犯罪／情動制御の破綻と犯罪／共感の障害と犯罪／社会的認知の障害と犯罪／犯罪の治療：情動へのアプローチ

慶大 川畑秀明・阪大 森　悦朗編
情動学シリーズ10
情動と言語・芸術
―認知・表現の脳内メカニズム―
10700-5 C3340　　　　A5判 160頁 本体3000円

情動が及ぼす影響と効果について具体的な事例を挙げながら解説。芸術と言語への新しいアプローチを提示。〔内容〕美的判断の脳神経科学的基盤／芸術における色彩と脳の働き／脳機能障害と芸術／音楽を聴く脳・生み出す脳／アプロソディア

前文教大 中川素子編
絵本学講座1
絵本の表現
68501-5 C3371　　　　A5判 200頁 本体2500円

絵本の魅力と可能性をやさしい言葉で伝え,「絵本の新しい読みとり」を掲示するシリーズ。第1巻では表現メディアとしての絵本に着目し,「世界認識表現メディア」「インタラクティブ・メディア」「物語るメディア」など様々な角度から解説する。

日本女大 石井光恵編
絵本学講座2
絵本の受容
68502-2 C3371　　　　A5判 168頁 本体2500円

絵本の魅力と可能性をやさしい言葉で伝え,「絵本の新しい読みとり」を提示するシリーズ。第2巻では読み手との相互作用に着目し「コミュニケーション・メディア」「育みのメディア」「仕掛けるメディア」などの側面から解説する。

松本 猛編
絵本学講座3
絵本と社会
68503-9 C3371　　　　A5判 208頁 本体2500円

絵本の魅力と可能性をやさしい言葉で伝え,「絵本の新しい読みとり」を提示するシリーズ。第3巻では絵本が社会の中でどういう役割を果たしうるか,社会に対して何を訴えかけているか,といった,絵本と社会との関係性を中心に解説する。

前文教大 中川素子編
絵本学講座4
絵本ワークショップ
68504-6 C3371　　　　A5判 200頁 本体2500円

絵本に興味をもつ幅広い読者に向けて,絵本の新しい魅力と可能性をやさしい言葉で伝え,「絵本の新しい読みとり」を提示するシリーズ。第4巻では絵本を主題としたさまざまなワークショップの実例およびアイデア,方法論を多数収載。

前文教大 中川素子編
シリーズ〈絵本をめぐる活動〉1
絵本ビブリオ LOVE
――魅力を語る・表現する――
68521-3 C3371　　　　A5判 200頁 本体2500円

絵本への多様な向かい方や愛し方を,さまざまな年齢,立場の方に語ってもらう。〔内容〕成長の各年代と絵本／家族の愛を育む絵本／人生や心をはげます絵本／仕事のきっかけとなった絵本／自然や文化観がみえる絵本／絵本を愛する視点。

京女大 今田由香・文教大 大島丈志編
シリーズ〈絵本をめぐる活動〉2
絵本ものがたり FIND
――見つける・つむぐ・変化させる――
68522-0 C3371　　　　A5判 208頁 本体2500円

「絵本で物語るとはどういうことか」をコンセプトに,絵本で物語ることの意義と実際の活動について解説・紹介する。〔内容〕子どもが紡ぐ物語／視覚が生み出す物語／ナンセンス絵本と不条理絵本／変形していく物語／絵本と翻訳。

日本女大 和田直人編
シリーズ〈絵本をめぐる活動〉3
手作り絵本 SMILE
――創る喜びと広がるコミュニケーション――
68523-7 C3371　　　　A5判 200頁 本体2500円

手を動かし考えながら1冊の絵本を作り上げていく魅力とそこから生まれてくる様々な事象を探り出す。〔内容〕教育活動のなかの手作り絵本／手作り絵本で広がる交流の世界／あらゆる人のための手作り絵本／さまざまなかたちの手作り絵本

前立教大 吉田新一著
連続講座〈絵本の愉しみ〉1
アメリカの絵本
――黄金期を築いた作家たち――
68511-4 C3371　　　　A5判 240頁 本体2800円

黄金期を築いた作家たちを取り上げ,その人柄やエピソード,絵や文章に隠された意味についてユーモアを湛えながら解説。〔内容〕草創期／開花期／黄金期(M.H.エッツ,M.W.ブラウン,E.J.キーツ,B.クーニー,M.ブラウン,M.センダック)

前立教大 吉田新一著
連続講座〈絵本の愉しみ〉2
イギリスの絵本（上）
――伝統を築いた作家たち――
68512-1 C3371　　　　A5判 200頁 本体2800円

英国絵本の伝統を築いた作家たちを取り上げ,作家の人柄やエピソード,絵や文章に隠された意味について,ユーモアを湛えながら解説。〔内容〕絵本前史／R.コールデコット／L.L.ブルック／W.ニコルソン／(作品論を中心に)B.ポター

前立教大 吉田新一編著
連続講座〈絵本の愉しみ〉3
イギリスの絵本（下）
――伝統を引き継いだ作家たち――
68513-8 C3371　　　　A5判 240頁 本体2800円

伝統を受け継いだ作家たちの人柄やエピソード,絵や文章に隠された意味についてユーモアを湛えながら解説。〔内容〕ギフト・ブックスとその挿絵画家たち／E.アーディゾーニ／J.バーニンガム／Q.ブレイク／(田園生活者としての)ポター

子ども総研 平山宗宏・大正大 中村 敬・
子ども総研 川井 尚編

育児の事典

65006-8 C3577　　A5判 528頁 本体15000円

医学的な側面からだけではなく，心理的・社会的側面，また文化的側面など多様な観点から「育児」をとらえ解説した事典。小児科医師，看護師，保健福祉の従事者，児童学科の学生など，さまざまなかたちで育児に携わる人々を広く対象とする。家庭医学書とは異なり，より専門的な知識・情報を提供することが目的である。〔内容〕少子化社会の中の育児／子どもの成長と発達／父子関係／子どもの病気／育児支援／子どものしつけ／外国の育児／子どもと社会病理／虐待とその対策／他

産総研 持丸正明・緑園こどもクリニック 山中龍宏・
産総研 西田佳史・産総研 河内まき子編

子ども計測ハンドブック

20144-4 C3050　　B5判 448頁 本体14000円

子どもの人間特性（寸法，形態，力，運動，知覚，行動など）に関する計測方法を紹介。多数の計測データを収録。工業製品への応用事例も紹介する。子どもの安全を確保し，健全な発達・育成を目指す商品開発者・研究者に必備のハンドブック。〔内容〕概論／計測編／データ編（寸法・形態・構造，運動・発揮力，感覚・生理，認知・行動・発達）／モデル編／事故・障害・疾病データ編／規格編／応用編（事故事例：遊具，指はさみ他／モノづくり：靴，メガネ，住宅設備他）／他

前筑波大 海保博之監修　大阪成蹊大 南 徹弘編
朝倉心理学講座3

発達心理学

52663-9 C3311　　A5判 232頁 本体3600円

発達の生物学的・社会的要因について，霊長類研究まで踏まえた進化的・比較発達的視点と，ヒトとしての個体発達的視点の双方から考察。〔内容〕I. 発達の生物的基盤／II. 社会性・言語・行動発達の基礎／III. 発達から見た人間の特徴

前筑波大 海保博之監修　慶大 鹿毛雅治編
朝倉心理学講座8

教育心理学

52668-4 C3311　　A5判 208頁 本体3400円

教育実践という視点から，心理学的な知見を精選して紹介する。〔内容〕教育実践と教育心理学／個性と社会性の発達／学習する能力とその形成／適応と障害／知識の獲得／思考／動機づけ／学びの場と教師／教育の方法／教育評価

前筑波大 海保博之監修　同志社大 鈴木直人編
朝倉心理学講座10

感情心理学

52670-7 C3311　　A5判 224頁 本体3600円

諸科学の進歩とともに注目されるようになった感情（情動）について，そのとらえ方や理論の変遷を展望。〔内容〕研究史／表情／認知／発達／健康／脳・自律反応／文化／アレキシサイミア／攻撃性／罪悪感と羞恥心／パーソナリティ

前筑波大 海保博之監修　筑波大 松井 豊編
朝倉実践心理学講座8

対人関係と恋愛・友情の心理学

52688-2 C3311　　A5判 200頁 本体3400円

基礎理論・生じる問題・問題解決の方法・訓練を論じる。〔内容〕I. 対人関係全般（ストレス，コーピングなど）／II. 恋愛（理論，感情，スキルなど）／III. 友情（サークル集団など）／IV. 組織（対人関係力，メンタリングなど）

前筑波大 海保博之監修　早大 竹中晃二編
朝倉実践心理学講座9

運動と健康の心理学

52689-9 C3311　　A5判 216頁 本体3400円

健康のための運動の開始と持続のために，どのようなことが有効かの取組みと研究を紹介。〔内容〕理論（動機づけ，ヘルスコミュニケーション，個別コンサルテーションなど）／実践事例（子ども，女性，職場，高齢者，地域社会）

日本女大 高櫻綾子・日本女大 請川滋大編著

子どもの育ちを支える 発達心理学

60021-6 C3077　　A5判 176頁 本体2500円

保育・福祉・教育系資格取得のために必要な発達心理学の基礎知識をコンパクトにまとめたテキスト。〔内容〕発達心理学とは／発達研究・理論／人間関係／言語／学習・記憶／思考・知能／自己形成／発達援助／障碍，臨床／子育て支援／他

上記価格（税別）は 2019 年 3 月現在